やさしく案内

最後の頼り

生活保護
の受け方がわかる本

法律を知り活用しよう！
Social Law Book

企画・執筆

法律知識普及会

＊

弁護士　**神田　将**　監修
Susumu Kanda

自由国民社

●はじめに〜議論沸騰の生活保護

　生活保護受給者は年々増加傾向にあり、令和元年（2019年）7月には約208万人（要保護世帯数は約164万世帯）になっています。しかし、現実には、生活保護制度を利用できる人の2割程度しか受給していないのです。

※

　「生活保護を受けるのは恥」というメンタリティーがまだまだ色濃く残っている現状では、"飢え死に"という新聞記事が消えることは無いのかもしれません。取材を通して感じたことは、生活保護者の「自己否定の感情」です。

　「自分が情けない」「生活保護を受けるのは恥ずかしい」という意識をほとんどの人が持っていました。しかし社会状況は変わりました。"恥ずかしい"などと言っている余裕が無くなるほど追い詰められているからなのかもしれません。今後はさらに「人間として生きるために」生活保護を利用する人は増えるはずです。生きていくためには人間としての権利「生活保護」を堂々と利用することは大事です。

　生活保護受給者の半数は65歳以上の老人です。さらに一人暮らし老人の生活保護受給者は82万人にも達しました。この数字は10年前の2倍以上になります。この老人たちにとって、生活保護は命の糧です。安心して生活保護を受給できる社会を築くことは私たちの使命なのではないでしょうか。

※

　生活保護については、保護費の水準などをめぐって、さまざまな議論がなされています。生活保護は、生活に困窮した場合の誰もが活用できる最後のセーフティネットです。生活保護を活用しようとする人も、また、貧しくとも生活保護を利用するなんて嫌だと思っている人も、現行の生活保護制度を知ることから始めてください。

斎藤信義（フリーライター）

◎目　次

最後の頼り

生活保護の現状を知る

1 生活保護の"今"はどうなっているのか
2 生活保護は"勝ち取る"もの

何か言われそうで行きづらいんだよ…でも、頑張らなくちゃ

♣生活保護は、最低限度の生活もできない場合の最後のセーフティネットです。「生活保護を受けるなんて嫌だ」と思わず、貧困から脱出するために活用してください。

生活保護の "今" は どうなっているのか

せいかつ ほ ご　　いま

▷「生活保護」は健康で文化的な最低限の生活を支える最後のセーフティネットと言われますが、受給者の増大による予算の増加、平成29年から実施されている生活保護費の減額に伴う訴訟などの問題があります。

1 生活保護者の現状と今後の推移

●受給者は200万人を超えた

厚生労働省の調査によると2019年6月時点で、生活保護受給者の総数は約214万人、世帯数は約164万人となっています。人数は2017年をピークに減少傾向にあるようです。これは求人状況の改善により若年層が仕事を得ることが容易になり、生活保護から脱却したということのようです。

その反面、65歳以上の高齢者受給者の割合は年々増加し、今では生活保護受給者の約53パーセントを占めています。今後ますます加速する高齢者社会を踏まえれば、高齢者の生活保護は自治体などの現場行政だけでは対応不可能な極めて重大な「政治的課題」であることは間違いないでしょう。

●増加が止まらない高齢者生活保護受給者

高齢者受給者は現在（2019年6月）受給者総数の約53パーセント程ですが、その割合は年々増え続けています。厚生労働省のデータによると、10年前に比べると、約10パーセント増加しています。高齢者の場合、今後安定した収入を得ることは難しいのが現実です。つまり一度生活保護受給者になると死ぬまで生活保護を受け続けなければならないのが実情です。

本格的な高齢社会が始まった今、高齢者の生活保護受給者は急激に増加する確率は高いといえます。生活保護受給者が300万人、400万人、それどころか将来的には500万人に達すると予想する学者もいます。

●就職氷河期世代の高齢化も目前

しゅうしょくひょうが き

行政や生活保護支援団体など現場の生活保護関係者の間で、深刻な問題として捉

えられているのが「就職氷河期世代」の高齢化です。

　彼らの多くは、不正規雇用、アルバイトなどで職を転々とし、仕事上の十分なスキルを身につけないまま今日に至っています。今はまだ仕事があるかもしれませんが、10年後には50歳を超えてしまい、現在の不安定な仕事さえ無くしてしまうことでしょう。

　厚生年金どころか国民年金も支払えなかった人も多いといいます。100万人とも200万人ともいわれる彼らが50歳を超える時代はそんなに遠い先ではありません。現在、政府は氷河期世代の彼らの正規雇用への道を探っていると盛んに喧伝しています。

　しかし残念ながら、政府のアドバルーンは実態の伴っていない単なるスローガンになっているというのが、関係者の実感です。氷河期世代を安定した雇用に導くことこそ、政府が実践しなければならない緊急の課題です。

●生活保護受給は国民の権利

　取材を通して強く感じたことがあります。いまだに多くの人が「生活保護を受けるのは恥ずかしい」と考えていることです。データから見ても、高齢者の生活保護受給者は都市部ほど多くなっている傾向があります。田舎では生活保護を受けることは人格が否定されるほどの偏見にさらされることもあるようです。もちろん都市部でもこのような偏見は多く見られますが、密な地域社会が存在しない都市部では生活保護受給を決断する人が多いことが、データとなって表れているのでしょう。

　しっかりと確認しておくことがあります。生活保護は施しや憐れみではありません。憲法に保障された私たち国民の権利なのです。生活ができなくなったら、堂々と生活保護を申請してください。恥ずかしさや挫折感を持つ必要はありません。なぜなら私たちには生きる権利があるからです。

2 「水際作戦」を検証する

●水際作戦とは何か

　ネットなどで盛んに取り上げられているものに、福祉事務所の「水際作戦」があります。生活保護申請時に、福祉事務所が申請を拒否する事例が少なからず見られたことは事実のようです。

　「必要な書類を揃えてから来てください」「若くて健康な人、働ける人は生活保護を受けられません」「住所が無い人、住民票が別の自治体にある人は受けられません」「借金があると生活保護を受けられません」「過去に生活保護を受けていたので申請できません」「申請しても却下されるから無駄ですよ」などと言って、事実上申請

できなくするようにするのです。

　言うまでもありませんが、これらはすべて、嘘です。典型的な水際作戦の手口です。厚生労働省も法律的根拠のない違法な対応として禁止しています。今では少なくなったと信じたいのですが、一部の福祉事務所ではまだ行われているという訴えも聞こえてきます。

　生活保護は国民の権利です。生活に困った時は、誰でも、いつでも、どこに住んでいても、過去や、生活に困った理由に関係なく申請できる公的な制度だということを知っておきましょう。

●申請には生活保護支援団体に同行を依頼しよう

　申請時には生活保護支援団体の方に同行してもらうことをお勧めします。水際作戦を阻止するためばかりではありません。生活保護申請者と福祉事務所とのコミュニケーションを円滑にするためには第三者、それも生活困窮者の実情に詳しい支援団体の存在は大きいようです。生活保護申請者だけでなく、一般の人は役所（行政機関）に対しては身構えてしまいます。自分の事情を上手く話せなかったりすることは多いのです。

　一方福祉事務所側も、一人80件以上も担当しているわけでかなりハードワークなことは事実なようです。中には高圧的な態度を取る人もいないわけではないでしょう。そのような場合には、冷静な第三者である支援団体に同行してもらうと事務手続きがスムーズに進むことは間違いありません。

　生活保護支援団体は全国に数多くあります。弁護士たちの支援団体、社会問題でも活動する団体など、頼りになる支援団体は多種多様です。ただ気をつけたいことは、生活保護を食い物にする「貧困ビジネス」団体です。

　見分けるのは簡単です。人の話を聞いてくれない、特定の劣悪の施設に無理やり入れようとする団体は要注意です。

●生活保護支援団体からの提言

　福祉事務所の多くは真剣に生活困窮者に誠実に対応していることは疑う余地はありませんが、一部の個人、あるいは福祉事務所ぐるみで生活保護申請者に対し、パワハラや「水際作戦」を行っている事例は少なくありません。

　生活保護に関する相談だけでも年間1000件は寄せられるというNPO法人「POSSE」では、相談の半数以上が行政の不当な対応だそうです。

　寄せられた相談には「ハローワークに行って、働けないことを証明しろ」「まずは家族に頼れ」といった水際作戦そのものが未だに多くあるといいます。POSSEの今岡直之氏によると、水際作戦が行われている原因としては、政府が生活保護費削減のため、不正受給を大義名分として、自治体に生活保護者の数を減らすことを

押し付けてきたことがあるといいます。その結果、福祉事務所サイドでも、不正受給の監視という倒錯した心理が生まれ、申請者や受給者に疑いの目を向けるようになってしまったといいます。

今岡氏はさらに、福祉事務所はハードワークなうえ、慢性的な人手不足でモチベーションは極めて低いことがパワハラ、水際作戦の原因だと指摘します。

「大切なことは、対人関係の専門家である社会福祉士などを福祉事務所の現場に投入することです。今のケースワーカーは大卒で公務員になって配属先が福祉事務所という人が多いようです。貧困も知らず、中には貧困は自己責任と考える人もいます。これでは生活困窮者に心から寄り添うことはできません」

●受給しても安心はできない

生活保護を受給できても安心はできません。若年層の場合「就労指導」が行われますが、パワハラまがいの事例が幾つも報告されています。

若い女性に「体を売って働け」と言ったり、「働かないと受給取り消しになりますよ」と脅かすこともあるようです。また60歳過ぎの高齢者にも働くことを強く指導することもあるようです。働ける人が就職活動を行うことは当然ですが、就職できないことが理由で生活保護が廃止になることはありません。

POSSEへの相談としては、妊娠した女性に「いつ堕ろすの」「出産扶助はでませんよ」などの驚くべき対応をするケースワーカーもあったといいます。妊娠した女性が出産扶助を受けるのは当然の権利であることは改めて言うまでもありません。

POSSEの今岡氏によれば、最近の傾向として目立つのは転居に対する非協力だそうです。住居無しで生活保護受給が開始されると、民間の定額宿泊所などに入らざるを得ません。大部屋で、居住環境、衛生状態も劣悪なので、一日も早く普通のアパートに引っ越したいと受給者は望みます。ところが福祉事務所ではなかなか認めたがらないそうです。「あなたは一人で住むにはまだ早い」という理屈ですが、本音は管理しやすいことと、引っ越し費用を払いたくないのではないかと考えられますが、実際は自立が遅れ、結果として生活保護の長期化となり社会的コストが増えることになると指摘します。

●生活保護は気楽に受けよう

多くの人にとって、生活保護を申請することはかなり精神的苦痛なようです。生活保護を申請しなかったために病気で亡くなったり、酷い例では餓死してしまったなども報告されています。

何度も言いますが、困った時は誰もが利用できる憲法で保障された私たちの権利なのです。親兄弟がいても、同居さえしていなければ生活保護受給は可能です。

同居していた場合では「世帯分離」という方法もあります。世帯を別にして、別

居するのです。最初にアパートを借りる費用はかかりますが、年取った親と同居していているケースなどでは有効だと思います。

　世間体を気にして、共倒れになるよりははるかに賢明な選択かもしれません。高齢者の引きこもりなど家庭では収まりきらない事例が将来は確実に増加します。制度としての生活保護を利用することは決して恥ではありません。生活保護制度は利用価値の高い制度ですので、気楽に利用しましょう。

3 生活保護法および生活保護基準の見直し

●生活保護法の改正
　増加する生活保護の増加に対処する等のために、生活保護法の大幅な改正が平成26年４月１日に施行されました。その主な内容のあらましは下記のとおりです。

①就労による自立支援
　安定した職業に就労ことにより保護から脱却するための給付金の創設（平成26年７月から実施）

②健康・生活面等に着目した支援
１）健康面に関する助言指導等必要な対応を行う専門職員の配置などによる健康管理体制の強化
２）福祉事務所は自立支援の観点から、受給者の状況に応じてレシートまたは領収証の補足や家計簿の作成を求めることが可能

③不正・不適性受給対策の強化等
１）福祉事務所の調査権限の拡大
２）罰則の引上げ（３年以下の懲役又は30万円以下の罰金⇒３年以下の懲役又は100万円以下の罰金）
３）不正受給に係る返還金と返還金の上乗せ（40％の上乗せ可）、保護費と調整することも可能
４）扶養義務者に対する通知・報告徴収の通知（24条８項・28条２項の創設）

④第三者行為求償権の創設（地方自治体が交通事故等の損害賠償請求権を取得）

⑤医療扶助の適正化
１）指定医療機関制度の見直し・指定医療機関への指導体制の強化
２）医療扶助の適正化（後発医薬品の使用促進）

　以上の改正を見ると、①就労による生活保護からの脱却、②不正受給は絶対に許さない、③医療扶助費の減額を目的とする改正で、①については生活保護の受給を困難とする改正のように思われます。なお、保護開始段階では、稼働可能な人につ

いては、本人の納得をえた上で、集中的な自立支援（就労）が行われます。

●生活保護基準の見直し（平成30年10月１日以降）

　生活保護基準の見直しが行われ、生活扶助基準等の減額等が平成30年10月から実施されています。見直しの内容は、平成28年基準からマイナス５％の範囲内（平均1.8％・最大５％）減額するというものです。ただし、見直しは平成30年10月、令和元年10月、令和２年10月の３段階に分けて実施されます。具体的な計算法については第３章「生活保護による収入の認定と受給額」を参照してください。

　なお、生活保護基準については、平成25年に見直しが行われており（生活扶助：平均6.5％、最大10％）、今回の減額と併せると、最大で14.5％の減額となります。

　こうした相次ぐ改正については、現在、集団訴訟が提起されており、減額された生活保護基準の額が憲法が保障する最低限の生活費として妥当なものなのかなどの判断がなされることになります。また、生活扶助の減額は最低賃金等にも影響することが考えられます。

※

◆取材を終えて　今こそ人にやさしい社会を

　2019年（令和元年）10月12日、台風19号が関東地方に上陸し、大雨による河川の氾濫などのため全国各地に甚大な被害をもたらしました。関係自治体は各所に避難所を設け避難住民の受け入れを始めましたが、東京台東区の設けた避難所で「事件」は発生しました。この避難所を訪れたホームレス男性に対し、台東区の住民ではないという理由で入所を拒否したというのです。

　ホームレス２人は、建物の脇で雨に打たれブルブル震えながら一晩を過ごしたといいます。この事実に対し驚くべきことに「台東区民でないのだから当たり前」「ホームレスになったのは自己責任」「甘えている」などの声も少なくないのです。生活保護の現場でも全く同じことが起きています。

　行政の担当者の中には「不正受給撲滅」という名分の上からの生活保護費削減に応えることに汲々となっている人も確かにいますが、問題は行政の担当者にあるわけではないのです。生活保護を受けるのは本人が悪い、怠け者、自己責任だとの声は、あまりにも人間として思いやりのない言葉ではないでしょうか。

　日本はいつからこんなギスギスした社会になってしまったのでしょうか。自分もいつ生活保護が必要になるかもしれないのです。人に優しくする、そんな当たり前のことが普通にできる社会に戻ることこそが私たちに今求められているのだと強く実感しています。

取材特集 2

せいかつ ほ ご
生活保護は "勝ち取る" もの

～山下啓一氏（55歳）のケース～

▷生活保護は「入りにくく、出にくい」と言われます。この特集では、「入りにくい」とされる生活保護の申請から決定までを絵入りで解説。

※本記事は平成25年に取材したものです。

1 地獄の日々の始まり～病気による失職・転職で生活が困窮

●突然の病気と失職

　山下氏は大学卒業後、日本を代表する精密機器メーカーの子会社（東証2部上場）に技術者として勤務していました。

　ある日、仕事中に息苦しさを感じ、呼吸ができなくなり、冷や汗が出て、体が硬直してそのまま倒れてしまいました。その後何度か同じようなことがあり、病院での最終的な診断は、下痢や吐き気は胃潰瘍、呼吸困難は「パニック障害」とされました。入院し胃潰瘍は完治したのですが、パニック障害は極度のストレスが原因ですので、ストレスを感じれば直ぐに再発します。

　自宅静養し会社に戻っても「会社に居場所はありませんでした」。上司からの露骨な退職勧奨、同僚からの無視。結局、発症から1年後、山下氏は退職しました。

●地獄の日々の始まり

　山下氏は「自分のスキルに自信を持っていました。」直ぐに再就職ができると考えていたのです。ところが、何十社に履歴書を送っても再就職はできません。

　この間、まったく仕事をしなかったわけではなく、幾つかの会社で仕事はしました。心療内科に通い、医師の助言を受け精神安定剤を服用しながらでしたが、職場に行くと、パニック障害が再発するのです。仕事をうまくやらねばと緊張すると、それだけで心臓は苦しくなり、体は震え、全身が硬直します。退職、それでも新しい職場へ。労働条件はどんどん悪くなり、最後には契約社員どころか臨時雇いでした。

2 生活苦による離婚・借金 〜収入がほとんどなく貯蓄は使い果たす

何で
こんな
ことに…

●離婚、たった一人の生活へ

　あまり好きでなかった酒を飲み始め、酩酊していく感覚だけが「唯一の救い」という日々を送るようになったのです。それまでは必死に支えてくれていた奥さんとも "家庭内別居" のような状況になり、高校生と中学生の子供は冷たい視線を山下氏に送るのみで口をきいてもくれません。

　そんな生活が2年も続きましたが、結局、奥さんとは離婚、子供は奥さんが引き取り、たった一人の生活が始まりました。ローンが残っていたマンションを売り、生命保険などはすべて解約、退職金・預貯金の残りなどで、山下氏に渡された金額は80万円だけだったそうです。

　それでも奥さんには感謝していると言います。「生活のことも家族のことも何も考えられない私を、2年の間支えてくれたのです。お金だってたいして残っていなかったはずなのに、80万円も私にくれたのですから」

●借金生活・緊急入院

　貴重な80万円はあっという間に使い果たし、それ以後は親兄弟、親戚、友達、最後は退職した会社の同僚、後輩まで借金をしまくったといいます。

　「本当に最低の人間でした。でもそうしなければ生きれなかった……」

　借金も、ただ「金を貸して欲しい」と頼むのでなく、「今度、新しい事業をやることになった」などの嘘を言い、詐欺まがいの借金を申し込んだこともあったといいます。「多分、皆さんは嘘だと分かっていたのでしょうね」

　その当時の自らの有り様を考えれば、起業する人間に見えないことは誰にでも見破られただろうと山下氏は当時を振り返ります。そして、そのような自分に対する自己嫌悪が事態をさらに悪化させます。離婚から1年後、栄養失調、持病の胃潰瘍の悪化により、救急車により緊急入院することになってしまいました。

▷離婚と生活保護⇒62ページ参照

▷借金と生活保護⇒29ページ参照

③ 生活保護申請の決意 ～生活を立て直したい…

入院

人生の敗残者には
なりたくない

立ち直る
キッカケが欲しい

● 生活保護を受けるしかない

「私の場合は幸運でした。兄貴がアパート代だけは払っていてくれましたし、真剣に私のことを心配してくれる兄弟がいたので。」

緊急入院時の山下氏は、もちろん無収入。それまでは借金につぐ借金で、借りられそうなところからは全て借り、さらにサラ金から150万円も借りていたのでした。最後の3カ月はお兄さんがアパート代だけは払ってくれていた状況で、何度となく兄弟が集まり、山下氏の将来を相談していたのでした。

この相談でも「生活保護」という選択肢は話題にあがりました。保護が受けられると、生活や住宅扶助をあわせると約13万円が受給でき、医療費も支払わなくてもよいからです。当初、山下氏は断固拒否し続けました。しかし、入院がきっかけで山下氏の考えは変わったそうです。「いつまでも人に迷惑をかけて生きていくわけにはいかないし、生活保護で生活を立て直そう」と真剣に考えはじめたのです。入院により酒と縁が切れたのが良かったのかも知れません。

● 生活保護の受給は当然と考えろ

退院後、山下氏は生活保護申請を行うのですが、この時、もっとも大事なことは生活保護申請への「決意」「心構え」だといいます。

「生活保護を受けるのは人生の敗残者」「生活保護を受ける人は怠け者」「国に厄介になっている」「駄目な奴」「無能力者」という "差別" との決別がもっとも必要といいます。他人からそう思われることを否定することも大事ですが、さらに重要なことは、自分自身で決して「俺は駄目な奴だ」と思わないことなのです。

「あの当時は、本当に自分が嫌で、自信がなく、情けなくて、死ねばいいと毎日考えていました。今から思えば、生活保護は国民の権利なのだから、"恥ずかしい" ことなどとは考えず、当然のことぐらいの強い意思を持つべきだった思いますが…」。

▷兄弟からの援助⇒52ページ参照

▷生活保護と国民の権利⇒24ページ参照

4 生活保護申請へのスタート～相談で卑屈になるな!

本音は申請を受付けたくないのネ

ご兄弟とよくご相談して…

●福祉事務所での相談

　生活保護の申請は住んでいる市区町村の福祉事務所に提出します。

　山下氏は意を決して福祉事務所に行き、自分の窮状を訴えました。生活保護の申請は、単に書類に必要事項を書き提出するわけではありません。ケースワーカーという担当者に自らの状況を説明し "相談" することから始まります。

　山下氏に対応したケースワーカーは年配の男性でしたが、言葉使い、態度がぞんざいだったそうです。特別横柄な口調ではないのですが、「私のひがみかもしれませんが、何か見下されているように感じたのです」と。

●ケースワーカーの言葉に傷つく

　ケースワーカーの最初の言葉は「今まで生活はどうしていたの」でした。

　事情を説明すると、「両親もご健在なようだし、立派なお兄さんもおられることだし、その方に援助してもらうことはできないの」。

　これを聞いて、山下氏の心は折れそうになります。「俺は邪魔物なんだ」と強く感じたといいます。親や兄弟だけでなく、このケースワーカーにとっても自分は "迷惑な存在" だと、直ぐにその場を逃げ出したくなったのでした。

　山下氏は、それでも必死に耐えました。「今ならわかるのですが、生活保護の申請をするということは、自分との "闘い" なのです。申請書類の書き方など、技術的な問題以前に、自らを "卑下" しない闘いなのです」。

　つまり、"自分は駄目な奴だから生活保護の申請をしている" という気持ちを持つと、ケースワーカーの言葉・態度に必要以上に傷つき、決してよい結果は得られないということです。

　「ご兄弟とよく相談してください」とのケースワーカーの言葉が決め手になり、

　山下氏は逃げるように福祉事務所を後にしました。

▷福祉事務所での相談⇒25・106ページ参照

▷生活保護の申請⇒25・106ページ参照

17

自分のカラに
閉じこもっているだけでは、
何も解決しない…

ボランティア

●生活保護の申請を支援してくれ団体を探す

逃げるように福祉事務所を去った山下氏は、生活保護の申請は結局できませんでした。兄弟に相談するといっても、これ以上兄弟の世話になることは兄の経済状況からしても無理な相談でした。

この時、「この世から消えたい」と心底から思ったといいます。しかし自殺する"勇気"は自分には無いと悟った山下氏は、今が生活を立て直す最後のチャンスだとも感じていました。図書館に行き、生活保護に関する書籍を読み、また生活保護を支援してくれる多くのボランティア団体の存在を知りました。

そして、漠然とは分かっていたのですが、生活保護費の受給には収入がないだけでなく、親や兄弟などからの援助してもらえない、働くことができない、などの受給の条件があるということでした。そのため、生活保護費の支出を押さえたい自治体は、こうした受給要件があることを理由に窓口（相談）でなんだかんだと言って申請さえ受理をしようとしないのです。

その後、山下氏は勇気を振り絞ってボランティア団体に電話しました。

「電話で私の話を真剣に聞いてくれる団体に行き当たるまで8回もかかりました」。8回の電話をするのに3日間もかかったそうです。「慇懃無礼だったり、おざなりだったり、偉そうだったりすると嫌になっちゃったんですよね」。

● "福祉事務所は敵"なのか！

山下氏が強く感銘を受けた書籍がります。あるボランティア団体の記録で、その書籍の著者は「福祉事務所は敵」であると言っているそうです。

山下氏はその過激な行動に違和感を覚え、その団体の支援を受けなかったのですが、福祉事務所に行き、ケースワーカーに向き合う時、卑屈になったり、媚を売ったりしそうになる時、「福祉事務所は敵」と呪文のように念じていたといいます。「"敵"を作ることで、弱い自分の心を鼓舞していたのだと思います」。

▷相談先⇒106・124ページ参照　ボランティア団体⇒124ページ参照

6 生活保護の申請を受け付けてくれない〜窓口での申請の壁

何だかんだで、
申請がうまくいかない…

若いのだから
まだ働けるでしょう

●申請書をなかなか渡してくれない

生活保護支援のボランティア団体は多くあります。電話でも応対してくれるはずですから（応対してくれない団体は偽物ですから無視します）、自分に合った団体を探すようにします。

山下氏は8つ目の団体から知識を仕入れ、再度、福祉事務所を訪れました。親兄弟が支援できない状況を説明すると、今度は「まずハローワークに行くのが先決ですね」と言って、なかなか申請用紙を渡してくれません。

「若いのだからまだ働けるでしょう」「働く気持ちはあるんですよね」などと言ってきます。山下氏がパニック障害があることなどを説明すると、「医者の証明書が無いと申請は受理できない」などと言って結局その日も申請はできませんでした。

後で知ったことですが、医師の証明などは後日でも構わなくて、申請は受理するのが原則なのですが、何だかんだと言って申請を受け付けてくれません。

こうしたやり取りを重ねることで、生活保護の申請を諦めてしまう人は少なくありません。

●自立支援システムの利用の提案

3度目に福祉事務所を訪れた山下氏に、ケースワーカーは言ったそうです。

「"自立支援システム"を利用したらどうですか」

自立支援システムとは、宿泊・食事・医療を提供し、就労支援も行うものですが、野外生活者のように短期で自立できる人には有効ですが、病気を抱えている人や、短期に自立が見込めない人には適さない制度です。

山下氏の心の中には、生活保護への抵抗感があったのでしょう。「自立支援システムがうまくいかなかったら、その時にまた考えましょう」というケースワーカーの言葉に思わずうなずいてしまったのでした。

▷申請保護の原則⇒25ページ参照

▷自立支援システム⇒49ページ参照

7 転居して、再度、申請をする〜福祉事務所を変える

福祉事務所によって対応が違うなんて…

わざわざ引越しらしたの？

引越センター

●引っ越して別の福祉事務所で申請

　山下氏は生活保護支援のボランティア団体にこのことを報告すると、ボランティア団体の人は大反対でした。直ぐに来てくれて相談した結果、隣の区に引っ越しすることになりました。

　現在の福祉事務所とは話がこじれているし、自立支援センターの入所申請書に山下氏がサインしてしまった状況では、話が円満に進まない可能性が高いので、違う福祉事務所で申請するためには引っ越しする必要があるということでした。

　偶然、部屋代も変わらず同条件のアパートが隣区にあり、礼金・手数料などは必要なく、敷金は現在のアパートの敷金を充当すれば足りるということでした。引っ越しも、ボランティア団体で行ってくれ、費用的負担はなしという好条件でした。

●申請はあっけなく受理された

　新たな福祉事務所では生活保護申請はあっけなく受理されました。

　今度は最初から、ボランティア団体の人に同行してもらったことも申請受理の大きな原因だとは思いますが、山下氏自身の気持ちが大きく変わったことも受理の理由だと思います。山下氏によれば、生活保護の申請、ケースワーカーとの相談は大きなプレッシャーだといいます。生活保護申請者は多かれ少なかれ、心に大きな"影"をもっています。そこでケースワーカーに対して、必要以上に迎合したり、卑下したりします。相手に対して"お上意識"を持ってしまうのです。

　反対に、無理に偉そうにしたり、いばったりする人もいます。それらは全て申請受理には逆効果です。あるがままの姿で無理なくケースワーカーに応対することが肝心です。

　とはいえ山下氏の場合も「何度も心が折れそうになった」といいます。

　「ここで逃げたら、自殺しか残されていない」と覚悟したことにより、最後まで頑張れたとのことです。「人間は一人では生きられません。素直にボランティア団体の力を借り、感謝することが大事なのではないでしょうか」。

8 生活保護の決定と受給 ～“人間”に戻れたと実感

とにかくうれしかった…

お金が入った。
助かった。

これが正直な感想です

● “調査”と“保護開始”の決定

　生活保護申請が受理されると「調査」が行われます。ケースワーカーが自宅に訪ねてきて、生活の様子を直接に見て話をします。山下氏には問題が４点ありました。

①今まで受けていた兄弟からの援助は引き続き可能か。これについては、親兄弟に、「援助を続行することは経済的に無理」との内容を文書で提出してもらいました。

②就労の意志の確認。山下氏自身が就労の強い希望をもっており、すでにハローワークに登録しており、これはケースワーカーに良い印象を与えたようです。

③病気（パニック障害）の現状。医師より詳細な診断書を提出。この診断書で医師は、引き続き治療を続行する必要がある、現状ではフルタイムの仕事は無理と診断されました。この診断内容を受け、ハローワークの求職内容も変えました。

④借金をどうするか。生活保護費から借金を返済することは認められていません。親兄弟からの借金は許してもらうしかありませんが、問題はサラ金からの150万円です。そこで山下氏は「自己破産」をして、借金問題をクリアしました。

● 保護費の受給開始

　山下氏は最初の受給があった日、「文字どおり、目の前がパッと明るくなったのです。ああー、生きているんだなーとしみじみ感じました」といいます。

　山下氏が最初に受け取った金額は14万3000円。この金額には医療移送費などの“一時扶助”が含まれていましたので、翌月からの13万2000円が正規の生活保護費となりました。生活扶助、住宅扶助が主な項目ですが「何よりも医療費が一円も必要ないというのは、本当に嬉しいですね」と。以前は体調が悪くても医者に行けず、ただじっと耐えているだけでした。「今は体調が悪くなる前に、医者に行けるし、薬を飲めばパニック障害が出ることもなくなりました」と。

　現在は、様々な就労のためのサークルや、ボランティア的な活動も行っていて、なかでも「農業従事者になるためのサークル」活動を熱心に行っているそうです。

▷保護費の受給⇒115ページ参照

◆むすび〜山下氏の感想

卑屈な気持に打ち勝つこと

福祉事務所は敵

…と思わなければやっていけない

●ケースワーカーのこと

私が最初に当たったケースワーカーの人は、多分"不親切な人"だったのでしょう。当時の私は「自己嫌悪の固まり」で卑屈そのものでしたから、相手に対して過剰反応してしまったからかもしれませんが。

その後、様々な生活保護の現場を見てきて、多くのケースワーカーの人は真面目に私たちと向き合っていることは理解しています。しかし明らかに、生活保護を受給させないことが手柄と考えている人もいることは事実です。

現在の私の正直な気持ちは、福祉事務所、ケースワーカーの多くは私たちの味方だと考えています。一人のケースワーカーが100、多い人は200もの受給世帯の面倒をみる現状では、生活保護者一人一人に親身な対応をすることには無理があるのかもしれません。それでも多くのケースワーカーは精一杯頑張っているのではないかと思います。

●福祉事務所の役割り

しかし残念ながら、行政は違います。

行政は増大する福祉予算をいかに減額するかに全てのエネルギーを費やしているように思われます。生活保護費を削ることが行政の至上命題であり、その意識は福祉の現場、具体的には福祉事務所の総意としては、生活保護の受給をさせないという意識があるように思われます（もちろんそうした人ばかりではなく、生活保護費や制度をより利用しやすくするように腐心している人もいますが）。

その意を受け、一部のケースワーカーは生活保護の申請を"妨害"しているように思われます。それに打ち勝つには「福祉事務所は敵」くらいの"意識武装"は必要なのではないでしょうか。この意識がなければ絶対に生活保護を"勝ち取る"ことはできないと思います。

▷ケースワーカー⇒107・113ページ参照

▷福祉事務所⇒25・107ページ参照

第1章

生活保護は
どんな場合に
受けられるのか

受給要件ね…

ダメ

ダメ

♣保護を受けようとする場合に、まず気になるのは、『自分が生活保護を受けることができるか？』ということです。窓口で申請を断ることはできませんが、生活保護の受給要件を満たしていなければ、申請が却下されます。

生活保護とはどういう

1　生活保護は生存権を保障する制度である

　日本国憲法は、基本的人権の一つとして生存権を保障しています。憲法25条は「国民は、健康で文化的な最低限度の生活を営む権利を有する」と規定し、この生存権を実現するための一つとして制定されているのが「生活保護法」です。

　生活保護法はその１条でこの法律の目的として、「日本国憲法25条に規定する理念に基づき、国が生活に困窮するすべての国民に対し、その困窮の程度に応じ、必要な保護を行い、その最低限度の生活を保障するとともに、その自立を助長することを目的とする」としています。つまり、困窮する国民が生活保護を受けることは権利であり、生活保護の中身は、健康で文化的な最低限度の保障であり、生きるための最後のセーフティネットなのです。

2　生活保護には一定の原則がある

　生活保護制度は、困窮者に対する援助ですが、以下の原則があり、この原則により適用・運用されます。

① 　無差別平等の原則（生活保護法２条）
　生活保護法は、下記②の補充生の要件を満たす限り、すべての国民に無差別平等に適用される。したがって、生活困窮に陥った理由や過去の経歴等は問われません。これは、憲法の法の下の平等（14条）による。

② 　補足性の原則（生活保護法４条）
　(1)生活保護は、資産（預貯金・生命保険・不動産等）、能力（稼働能力等）、他の法律等による援助や扶助などその他あらゆるものを生活に活用してもなお、最低生活の維持が不可能な者に対して適用される。
　(2)扶養義務者の扶助、その他の扶養は生活保護に優先して実施される。
　　これらは生活保護を受けるための要件で、次項以下で詳しく解説します。

③ 　**保護の実施機関は、保護の実施に際し被保護者や要保護者に対して法に基づき必要な指示**（例えば、生活の経済性や他者に及ぼす危険性に関して、最低限度の生活を超える部分での自動車の保有・運転に関する制限など）をすることがあり、その指示に従わない場合は保護の変更、停止もしくは廃止ができる。

制度なのか

*生活が苦しくて、もう限界だ！と思っている人は多いでしょう。こうした人の最後の頼りが生活保護です。

③　申請保護の原則（生活保護法7条）

　生活保護は原則として要保護者の申請によって開始される。保護請求権は、要保護者本人はもちろん、扶養義務者や同居の親族にも認められている。ただし、急病人等、要保護状態にありながらも申請が困難である者もあるために、7条但書で、職権保護が可能な旨を規定している。7条では「できる」とのみ規定されている職権保護は、25条では、実施機関に対して、「要保護者の職権で保護しなければならない」と、一歩進んだ規定になっているので注意が必要。

④　世帯単位の原則（生活保護法10条）

　⑴生活保護は「世帯を単位」で要否を判定し、その程度を決定する。
　⑵例外として、「世帯分離」という制度（35ページ参照）がある。
　つまり、困窮者（一定額以下の収入）であれば、①誰もが無差別平等に、②一定の要件（補足性）を満たせば、③申請により生活保護が受けられ、④世帯を単位として生活保護の要否が判断され、その程度が決められるということです。

3　生活保護受給の手続の流れを理解しておこう！

　生活保護を受けようとする場合、住所地の福祉事務所あるいは町村役場の保護課（名称は異なる場合がある）に申請をします。その後、生活保護の申請を受けた福祉事務所等は職員（ケースワーカーと呼ばれる）が申請者の居宅を訪れ生活の困窮の実態などの調査を行います。そして、調査を基に審査（診断会議）か行われ、生活保護の申請に対する決定あるいは却下の判断がなされます。（詳細は第3章参照）
　ちなみに生活保護による扶助には、①生活扶助、②住宅扶助、③教育扶助、④医療扶助、⑤介護扶助、⑥出産扶助、⑦生業扶助、⑧葬祭扶助があります。（第2章参照）

◆生活保護の相談から決定まで

①相談（福祉事務所等）　②申請　③調査　④審査　⑤保護の決定

※③④においては、生活保護の受給要件に該当するがどうかが問題となります。

①生活保護の運用と支給要件はどうなっているか

〈ポイント〉①生活保護に関する法律は生活保護法
②生活保護の実施は福祉事務所等が行う
③生活保護の取扱は地域によって若干異なる

♣憲法25条の「健康で文化的な最低限度の生活を営む権利」の保障を受けて、その目的のために制定されている法律が生活保護法です。

1　生活保護制度と運用

　具体的な運用法規としては、生活保護法施行令、生活保護法規則があり、厚生労働省よる『保護の実施要領』についての通達（通知）などがあり、最低生活費については厚生労働大臣が定めて告示することになっています。また、厚生労働省社会・援護局保護課の監修による『生活保護手帳（別冊問答集）』が出され、さまざまな生活保護に関する問題について解説がなされています。なお、生活保護の申請の受付等は地域の福祉事務所等が行うことから、市地方自治体によっては「生活保護施行細則」や「○○市ケース診断会議要綱（要領）」を定めているところもあります。

　こうした多くの法令等により、生活保護は実施されているのです。具体的には下記の手続を経て、保護を受けることができます。

◆保護実施までのおおまかな流れ

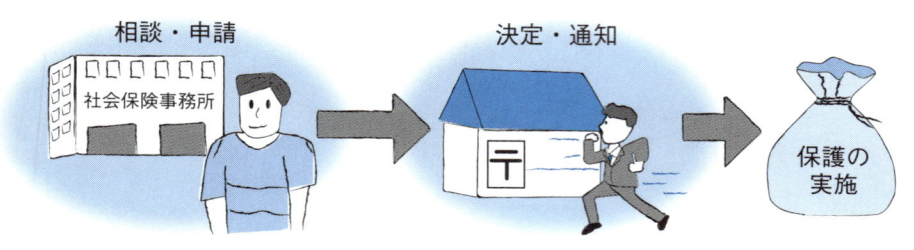

相談・申請　社会保険事務所　決定・通知　〒　保護の実施

② 保護を受けるには一定の要件がある

　前項の総論でも述べましたが、生活保護を受けるためには、一定の要件がありま
す。これが生活保護法４条に規定する保護の補足性（ほそくせい）と言われるものです。

【生活保護を受けるための要件】

要　件　等	概　　要	参照ページ
①収入要件	原則は、世帯の収入が生活保護基準（厚生労働大臣が定める）に満たない場合に、その差額が支給される	36ページ
②資産活用の要件	原則は、預貯金・土地・家屋等の財産があれば、売却等をして生活費に充てなければならない	40ページ
③能力活用の要件	概要は、働くことが可能な人は、その能力に応じて働かなければならないというもの	46ページ
④その他のあらゆるものの活用	年金や手当など他の制度で給付を受けることができる場合は、まずそれから利用するというもの	50ページ
⑤扶養義務者からの扶養を受ける	親族等の扶養義務者から援助を受けることができる場合は、生活保護に先立って援助を受ける。これは受給要件ではないとされている	52ページ

　以上の要件がクリアできる人（世帯）が、生活保護を受給できる世帯です。それ
ぞれの受給要件については次ページ以降で解説します。
　なお、福祉事務所には「保護のしおり」（小冊子）が用意されていますので、本
書と合わせてこれも参照してください。

③ 生活保護の決定と保護の要件

　生活保護は、生活に困窮（こんきゅう）している人（世帯）が現在住んでいる地域を管轄（かんかつ）する
福祉事務所の生活保護担当係に申請します。福祉事務所は、市（区）では市（区）
が、郡町村では都道府県が担当します（ただし、町村に住んでいる人の場合は、町
村役場でも申請の手続きを行うことができます。
　福祉事務所はこの申請を受けて、生活保護を受けるための要件が整っているかど
うかを調査・検討し、保護の要件にかなっていると判断すれば、保護費が支給され
ることになります。

生活保護法の適用についてのQ&A

Q1　住所が不定だと生活保護は受けられないか

♣生活保護法1条は、国民が生活に困窮するすべての国民に対し、その困窮の程度に応じ、その最低限度の生活を保障することを規定しています。住所不定（ホームレスなど）者ても国民ですから、生活保護を受ける権利があります。

●ホームレスも生活保護が受けられる

　厚生労働省の「ホームレスに対する生活保護の適用について」（社援保発第0731001号、平成15年7月31日）によれは、「……居住地がないことや稼働能力あることのみをもって保護の要件に欠けるものではないことに留意し、生活保護を実施する」としており、現住所がないために生活保護が受けられないということはありません。面接相談において、居宅生活を営むことができるかどうかが留意されます。居宅生活を送ることが困難な場合には、保護施設や無料定額宿泊所（社会福祉法2条3項第8条）等において保護を行うなどの検討がなされます。

　ただし、働ける場合は働くことが要件となります。

Q2　外国人に対して生活保護は適用されるか

♣日本国憲法25条1項（生存権）の規定を受けた生活保護法1条は、「すべての国民は、この法律の要件を満たす限り、この法律による保護を無差別平等に受けることができる。」としています。つまり、保護対象者は条文上は「日本国民」です。

●在日外国人にも要件を満たせば生活保護の適用がある

　昭和29年（1954年）に「正当な理由で日本国内に住む外国籍の者に対しても、生活保護を適用する。」という通達が厚生省より出され、生活に困窮している在日外国人も生活保護の対象とされました。人道上、国際道義上の視点から、日本国民に準じた保護が行われています。

　保護の対象者となる在日外国人は、永住者（戦前から日本に居住していて永住資格を得たなど法務大臣が許可）、日本人の配偶者等、永住者の配偶者等、定住者（日本人と離婚し子を育てている外国人など）として在留する場合で、日本国民に準じて保護が行なわれます。なお、平成26年7月18日の最高裁判所は「外国人は生活

保護法による保護の対象にはならない」という判決を出していますが、これは生活保護法の対象ではないが厚生労働省通達による準用を否定したものではありません。ただし、申請が却下されたときの審査請求などの権利がないことを意味します。

Q3 借金があると生活保護は受けられないのか

♣生活保護法は、「すべての国民は、この法律の定める要件を満たす限り、この法律の保護を無差別平等に受けることができる」（2条）と規定し、生活困窮に陥った原因は一切問わず、生活が困窮しているという経済状態だけに着目して保護を行うことにしています。

●世帯の収入が最低生活費以下であること

　借金が理由で生活保護が受けられないということはありません。また、世帯の人の中に、収入の多い人がいて保護基準として定める最低生活費以上の世帯収入となる場合には、保護を受けることはできません。また、借金の返済のための困窮しているとしても、生活保護はあくまで生活扶助等のために支給されるものであり、借金の返済ために支給されることはありません。

　多額の借金がある場合、借金の整理を考えてはいかがでしょうか。この方法としては自己破産などが考えられます。借金の整理については、各弁護士会の法律相談センターで相談を受け付けていますので相談されるとよいでしょう（原則として無料）。生活保護受給にあたっては、こうした指導がなされると思われます。

Q4 自己破産したが生活保護は受けられるか

♣自己破産は、借金が多額になり弁済の支払能力がなくなった場合に、借金をしている人を救済する最後の手段です。借金はなくなりますが、一定の家財道具や不動産などの財産は差押えられて処分・換金され、債権者（お金の貸主）に配当されます。したがって、一部の差押え禁止財産を除き、資産はなくなります。

●自己破産者と生活保護

　自己破産は債務者個人の問題ですが、生活保護は世帯の問題です。自己破産をした人が収入が最低基準額に満たないとしても、世帯全員の収入が生活保護基準を上回るようなら、生活保護を受けることはできません。

　借金を抱えて生活に困窮している人は、生活保護費からの借金の返済はできませんので、自己破産をしてから生活保護を受ける方が望ましいでしょう。資産がほとんどなければ、同時廃止という手続により比較的簡単に破産・免責が決定します（約3か月）。福祉事務所で相談すれば、こうした助言がなされるはずです。

②生活保護は「世帯単位」で保護が行われる

〈ポイント〉①最低限度の生活は世帯単位で計算する
②収入は世帯のすべての人の収入でカウント
③世帯の生活費の不足分が支給される

♣生活保護を受けるには、①世帯の収入が最低生活費（生活保護基準）よりも少なく、②能力の活用、③資産の活用、④その他あらゆるものの活用した後という要件をクリアしなければなりません。

1 世帯の収入が最低生活費よりも少ないとき

　最低生活費は、世帯単位で計算します。分かりやすく言えば、保護世帯の人員が5人の場合は5人分の最低生活費が計算されます。

　最低生活費の計算は、世帯の人員構成や住所地（市町村単位）によって異なり、具体的には厚生労働省が定める基準によって計算します。「最低生活費の計算」については、第2章64ページ以下を参照してください。

　こうして計算した世帯の最低生活費から世帯の収入合計額を差し引いて余りがある世帯が生活保護の対象となる世帯で、その金額が生活保護の支給額となります。

　つまり、最低生活費も収入も世帯単位で計算するのです。

〔計算式〕 世帯の最低生活費 － 世帯の収入 ＝ 保護による支給額

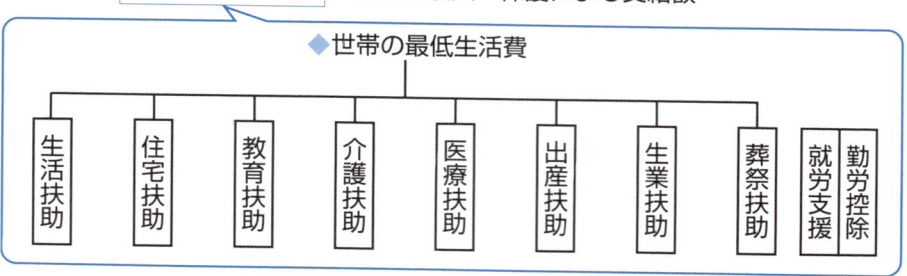

◆世帯の最低生活費

生活扶助	住宅扶助	教育扶助	介護扶助	医療扶助	出産扶助	生業扶助	葬祭扶助	就労支援	勤労控除

2 世帯の収入となるものには何があるか

　世帯の収入には、勤労による収入（給与・事業収入・農業収入など）、勤労以外の収入（年金・恩給・児童手当・児童扶養手当・雇用保険金・傷病手当金などがあ）ます。なお、一般的には子のアルバイト収入や扶養義務者から扶養料が支払われる場合は、これらも収入となります。

　具体的な収入の認定については2章で解説しますが、給与等においては必要経費として、社会保険料、所得税等を控除でき、収入総額を減らすことができます。

　なお、収入額は世帯全員の合計を出しますが、居住を一にしていない場合であっても、例えば出稼ぎなどの場合には、同一世帯とされ収入が合算されます。

　また、同一世帯に属している人の中に稼働能力（か　どうのうりょく）がありながら働かない人がいる場合、他の世帯員が真に止むを得ない事情によって保護を要する状態にあるときは、働かない人を分離して生活保護が適用されることがあります。この場合、世帯の最低生活費の算定においても分離された人の生活費は加えないことになります。

3 世帯単位で収入の調査・認定が行われる

　収入に関しては、通常、生活保護の申立てををする際に申告をし、これに対して結構綿密な調査が行われ、収入が認定されます。提出資料としては、例えば年金収入がある場合は年金手帳、年金証書および改定通知書が必要で、給与収入のある人は直近3カ月の給与明細書などの提出が通常求められます。調査により世帯の収入が認定され、それが世帯の最低生活費より少ない場合に、その分が支給されます。

◆世帯の認定 （厚生労働省『保護の実施要領』より）

1　居住を一にしていないが、同一世帯に属していると判断すべき場合とは、次の場合をいう。
（1）出かせぎしている場合
（2）子が義務教育のため他の土地に寄宿している場合
（3）夫婦間又は親の未成熟の子（中学3年以下の子をいう。）に対する関係（以下「生活保持義務関係」という。）にある者が就労のため他の土地に寄宿している場合
（4）行商又は勤務等の関係上子を知人等にあずけ子の生活費を仕送りしている場合
（5）病気治療のため病院等に入院又は入所（介護老人保健施設への入所に限る。2の(5)（エを除く。）及び(6)並びに第2の1において同じ。）している場合
（6）能力開発校、国立光明寮等に入所している場合
（7）その他(1)から(6)までのいずれかと同様の状態にある場合

2　同一世帯に属していると認定されるものでも、次のいずれかに該当する場合は、世帯分離して差しつかえないこと。ただし、これらのうち(3)、(5)、(6)、(7)及び(8)については、特に機械的に取り扱うことなく、世帯の状況及び地域の生活実態を十分考慮したうえ実施すること。また、(6)又は(7)に該当する者と生活保持義務関係にある者が同一世帯内にある場合には、(6)又は(7)に該当する者とともに分離の対象として差しつかえない。

（1）世帯員のうちに、稼働能力があるにもかかわらず収入を得るための努力をしない等保護の要件を欠く者があるが、他の世帯員が真にやむを得ない事情によって保護を要する状態にある場合

（2）要保護者が自己に対し生活保持義務関係にある者がいない世帯に転入した場合であって、同一世帯として認定することが適当でないとき（直系血族の世帯に転入した場合にあっては、世帯分離を行わないとすれば、その世帯が要保護世帯となるときに限る。）

（3）保護を要しない者が被保護世帯に当該世帯員の日常生活の世話を目的として転入した場合であって、同一世帯として認定することが適当でないとき（当該転入者がその世帯の世帯員のいずれに対しても生活保持義務関係にない場合に限る。）

（4）次に掲げる場合であって、当該要保護者がいわゆる寝たきり老人、重度の心身障害者等で常時の介護又は監視を要する者であるとき（世帯分離を行なわないとすれば、その世帯が要保護世帯となる場合に限る。）

　　ア　要保護者が自己に対し生活保持義務関係にある者がいない世帯に属している場合

　　イ　ア以外の場合であって、要保護者に対し生活保持義務関係にある者の収入が自己の一般生活費以下の場合

（5）次に掲げる場合であって、その者を出身世帯員と同一世帯として認定することが出身世帯員の自立助長を著しく阻害すると認められるとき

　　ア　6か月以上の入院又は入所を要する患者等に対して出身世帯員のいずれもが生活保持義務関係にない場合（世帯分離を行なわないとすれば、その世帯が要保護世帯となる場合に限る。）

　　イ　出身世帯に自己に対し生活保持義務関係にある者が属している長期入院患者等であって、入院又は入所期間がすでに1年をこえ、かつ、引き続き長期間にわたり入院又は入所を要する場合（世帯分離を行なわないとすれば、その世帯が要保護世帯となる場合に限る。）

　　ウ　ア又はイに該当することにより世帯分離された者が感染症の予防及び感染症の患者に対する医療に関する法律第37条の2若しくは精神保健及び精神障害者福祉に関する法律第30条の公費負担を受けて引き続き入院している場合又は引き続きその更生を目的とする施設に入所している場合

　　エ　イ又はウに該当することにより世帯分離された者が、退院若しくは退所後6か月以内に再入院又は再入所し、長期間にわたり入院又は入所を要する場合（世帯分離を行わないとすれば、その世帯が要保護世帯となる場合に限る。）

（6）(5)のア、イ及びエ以外の場合で、6か月以上入院又は入所を要する患者等の出身世帯員のうち入院患者等に対し生活保持義務関係にない者が収入を得ており、当該入院患者等と同一世帯として認定することがその者の自立助長を著しく阻害すると認められるとき（世帯分離を行なわないとすれば、その世帯が要保護世帯となる

場合に限る。）

（7）同一世帯員のいずれかに対し生活保持義務関係にない者が収入を得ている場合であって、結婚、転職等のため１年以内において自立し同一世帯に属さないようになると認められるとき

（8）救護施設、養護老人ホーム、特別養護老人ホーム若しくは介護老人福祉施設、障害者支援施設（障害者自立支援法附則第41条第１項の規定によりなお従前の例により運営することができることとされた同項に規定する身体障害者療護施設並びに同法附則第58条第１項の規定によりなお従前の例により運営することができることとされた同項に規定する知的障害者更生施設及び知的障害者授産施設を含む。）又は児童福祉施設（知的障害児施設、盲ろうあ児施設、肢体不自由児施設、重症心身障害児施設に限る。）の入所者（障害者支援施設については重度の障害を有するため入所期間の長期化が見込まれるものに限る。）と出身世帯員とを同一世帯として認定することが適当でない場合（保護を受けることとなる者とその者に対し生活保持義務関係にある者とが分離されることとなる場合については、世帯分離を行わないとすれば、その世帯が要保護世帯となるときに限る。）

3　高等学校（定時制及び通信制を含む。）、中等教育学校の後期課程、特別支援学校の高等部専攻科、高等専門学校、専修学校又は各種学校（以下「高等学校等」という。）に就学し卒業することが世帯の自立助長に効果的と認められる場合については、就学しながら、保護を受けることができるものとして差し支えないこと。ただし、専修学校又は各種学校については、高等学校又は高等専門学校での就学に準ずるものと認められるものであって、その者がかつて高等学校等を修了したことのない場合であること。

4　次の各要件のいずれにも該当する者については、夜間大学等で就学しながら、保護を受けることができるものとして差しつかえないこと。

（1）その者の能力、経歴、健康状態、世帯の事情等を総合的に勘案の上、稼働能力を有する場合には十分それを活用していると認められること。

（2）就学が世帯の自立助長に効果的であること。

5　次のいずれかに該当する場合は、世帯分離して差しつかえないこと。

（1）保護開始時において、現に大学で就学している者が、その課程を修了するまでの間であって、その就学が特に世帯の自立助長に効果的であると認められる場合

（2）次の貸与金を受けて大学で就学する場合

　ア　独立行政法人日本学生支援機構法による貸与金

　イ　国の補助を受けて行われる就学資金貸与事業による貸与金であってアに準ずるもの

　ウ　地方公共団体が実施する就学資金貸与事業による貸与金（イに該当するものを除く。）であってアに準ずるもの

（3）生業扶助の対象とならない専修学校又は各種学校で就学する場合であって、その就学が特に世帯の自立助長に効果的であると認められる場合

6　同一世帯に属していると認められるものであっても、次の者については別世帯として取り扱うこと。

中国残留邦人等の円滑な帰国の促進及び永住帰国後の自立の支援に関する法律第13条に定める特定中国残留邦人等（以下「特定中国残留邦人等」という。）及び同法第14条に定めるその者の配偶者（以下「その者の配偶者」という。）

生活保護の対象「世帯」についてのQ&A

Q1　生活保護における「世帯」とは…

♣生活保護は、世帯の生活費が世帯の収入を下回る場合にその差額が保護費として認定されます。

　したがって、ある人が一人なら生活保護を受けることができる収入だとしても、他の人に収入があり、その世帯の全収入が最低生活費を超えていれば、生活保護を受けることはできません。

●生活保護上の世帯は通常の意味の世帯とは異なる

　「世帯」は、通常、住民として市区町村役場に届けた住民基本台帳の記載などによりますが、生活保護上の世帯は、同一居住、同一生計の者は原則として同一世帯と認定されます。ただし、例外もあります。

　生活保護では、原則として一緒に生計を立てて暮らしている人の全員を一つの「世帯」としています。この点、国民健康保険や住民登録でいう「世帯(せたい)」とは異なりますので注意が必要です。

　したがって、生活保護の申請をする場合には、世帯の全員で生活保護の申請について話合い、世帯全員の同意を得るようにしておくのがよいでしょう。

Q2　世帯収入に義父の年金も含まれるか

♣生活保護法では、保護は、世帯を単位としてその要否及び程度を定める（10条）としており、これを世帯単位の原則といいます。これは、住民票上の世帯の意味とは異なります。

●同じ住居で生計を一にしている者の収入は世帯収入になる

　一般的には「世帯とは、同一の住居に住み、生計が同一の者の集団」とされており、住民票上の世帯は届出によることが原則で、同棲(どうせい)や同居(どうきょ)（二世帯含む）などは原則として世帯とはなりません。しかし、生活保護においては、同じ住居に住み、生計を一にしていれば、親族ばかりでなく他人が入っていてもそれらの者すべてを一つの単位として、同一世帯とされます。

　また、出稼ぎや入院者がいるような場合、実際は同居でなくてもその状態が一時

的であり、経済的には家族と一体性があり、いずれ自宅に帰る場合には、同一家族（世帯）として取り扱われます。つまり、生計を一にしている（生活費が一緒）かどうかが、重視されるのです。

Ｑ３　世帯単位の原則に例外はあるか

♣例えば、世帯主が健康でありながら酒に溺れて働かないという場合には、世帯主一人のために他の家族が生活保護を受けられないというのはあまりにも酷ですので、このような場合には、その世帯主だけを除外して、残りの家族だけを一つの単位として保護する取扱がなされることがあります。これを世帯分離（みなし別世帯）といいます。

●世帯分離による保護

① 世帯の中に、稼働能力（働く能力）がありながら働く努力をしない者がいるときには、その者を切り離して、他の家族だけを保護する措置が取られることがあります。

② 被保護者が他の一般世帯に転入したときには、転入した人だけを保護する措置がとられることがあります。

　　例えば、被保護者の中に、高齢や病弱のために自分だけでは生活ができず、止むを得ず身内や知人などのところに転入する場合があります。このような場合に、身寄りする世帯の収入（身寄りする人の収入含む）が保護基準以上であれば転入した人の保護がなくなることになり、それでは、転入先にすべての経済的な負担をかけることになりますので、転入してきた被保護者だけを切り離して、その者だけを生活保護者扱いをする措置がとられることがあります。

③ 長期入院患者のときは、長期入院患者だけを生活保護の対象とされることがあります。

　　例えば、祖母が長期入院し祖母の入院費にも事欠くといった場合には、長期入院患者だけの保護を対象として取り扱う措置が取られることがあります。

　　本設問については、通常、住民票上、世帯が別扱いとなっていても、生計を一にしていれば、年金もその世帯の収入として扱われますがその例外と言えます。

3 保護費は世帯収入が最低生活費に満たない場合に受給できる

〈ポイント〉①生活保護は収入が最低生活費に満たない場合
②収入や最低生活費は世帯単位で計算する
③最低生活費の基準は厚生労働大臣が決める

♣生活保護を受給するためには、①生活が困窮していること、②資産を活用（原則として、不動産等があれば売却など）、②能力を活用している（能力に応じて働く）こと、③その他、あらゆるものを活用している（他の福祉制度の利用や扶養義務者からの扶養料をもらうなど）こと、があります。ここでは、収入が少なく生活に困窮している（収入が最低生活に満たない）ことについて解説します。

1 低収入と生活保護費の支給

前項でも述べましたが、生活が困窮しているということは、世帯の収入が少なく、憲法が保障する最低限度の生活ができないということです。この最低限度の生活をすることができない人に対して、国（厚生労働大臣）が定めた生活費の基準から収入（世帯）を差し引いた額の生活保護費が支給されることになります。

〔計算式〕最低生活費－収入（世帯）＝生活保護費

◆生活保護が受けられる場合、受けられない場合

●生活保護が受けられる場合

収入（世帯）

最低生活費（国が定める）

生活保護費

●生活保護が受けられない場合

収入（世帯）

最低生活費（国が定める）

※世帯の収入が最低生活費を上回っている場合

2　収入と最低生活費

(1)　収入は、給料・年金・手当・仕送りなど世帯に入ったすべてのものをいいます。なお、働いて得た収入については、交通費や社会保険料などの経費(けいひ)のほか、一定額の控除(こうじょ)を行う特別な取扱があります。また、収入の認定については第2章の70ページを参照してください。

(2)　最低生活費は、国（厚生労働大臣）が定めた「生活費の基準」による1か月の生活費を最低生活費といいます。この最低生活費に収入が満たない場合に、生活保護費が支給されます。ただし、資産の活用や能力の活用、その他のあらゆるものを活用した後でなければなりません（生活保護法4条）。

(3)　最低生活費は、国（厚生労働大臣「生活保護法による保護の基準」）が定めますが、原則として年に一度改定され、厚生労働省告示として示されます。最低生活費の考え方にはいくつかの方法がありますが、現行の水準は、一般国民の生活水準との関連においてとらえるべきものという考え方で世帯(せたい)の消費実態の平均をベースに基準が定められています。こうした考え方を基に、「要保護者の年齢、性別、世帯構成別、所在地域別、その他保護の種類に応じて必要な事情を考慮した最低限度の生活の需要を満たすに十分なもの」（8条）としています。

3　収入の認定

収入額および最低生活費の具体的な計算例は第2章で詳述しますので、第2章の該当個所を参照してください。

なお、収入については、通常、生活保護の申請時に、収入についての申告をします。これを基に、調査が行われ、収入の認定金額が決まります。

◆収入と最低生活費の差額が受給額

生活保護では、すべての受給者が満額を受給していると思っている人もいるようですが、決してそんなことはありません。高齢者を例にとれば、年金などの収入の分は差し引かれます。したがって、収入があれば、国等からの支給額は少なくて済むことになります。こうしたことから自立をうながし収入を得るように指導がなされていますが、高齢者についてはそうはいかないようです。

高齢者の収入と保護についてのQ&A

Q1　年金収入があると生活保護は受けられないか

♣年金収入を含めて世帯の収入が、世帯の最低生活費（厚生労働大臣が定める）を満たしているかどうかが問題です。年金収入と世帯の他の人との収入合計が最低生活費を超えていれば、生活保護を受けることはできません。また、最低生活費を超えていなくても①資産の活用、②能力の活用、③その他あらゆるものの活用の要件をクリアしなければなりません。

●年金と生活保護

　実は生活保護受給者で最も多いのが高齢者なのです。それも、高齢者の夫婦のみや一人暮らしの世帯が大多数を占めます。こうした世帯では、年金収入だけでは足りず、かといって扶養義務者である子などにも援助する収入がないという現実があります。（扶養⇒52ページ参照）

　年金収入だけで、資産もなく扶養もない場合の生活保護による生活費の支給額は、以下のとおりとなります。

〔計算式〕最低生活費（厚生労働大臣が定める）－夫婦の年金収入＝支給額

　※扶養等による収入があればその分は差し引かれる。

Q2　高齢で収入もなく病気がちだと保護は…

♣高齢になると、若い頃とは違い病気がちとなることが多くなります。病気となれば、働くこともできず、加えて医療費がかかりますので、生活を切り詰めてやっていても、生活困窮者（世帯）となることがあります。こうした場合、生活保護を受けることができます。

　ただし、高齢で病気がちだからという理由で、生活保護が受給できるわけではありません。生活保護をを受けるには、①世帯の収入が生活保護基準よりも少なく、②資産の活用、③能力の活用、④その他あらゆるもの（年金収入や各種福祉制度による援助等）の活用の要件をクリアしなければなりません。

●介護扶助・医療扶助・葬祭扶助

　高齢者は病気になりがちです。高齢者で生活保護受給者の中には、多くの介護扶

助や医療扶助を受けている人がいます。この分も、最低生活費の計算においては加算されます（66ページ参照）。ちなみに、生活保護を受けている人には葬祭扶助もあります。

医療扶助…けがや病気の治療に必要な費用の扶助⇒90ページ参照

介護扶助…介護サービスを受けるときにかかる費用の扶助⇒92ページ参照

葬祭扶助…火葬に必要な費用⇒98ページ参照

Q3　高齢者の病気と生活保護による扶助は…

♣高齢者が病気の場合の扶助としては、生活扶助、介護扶助、医療扶助があります。

生活扶助については後に述べますが（76ページ参照）、このほかにも病気の人の扶助として①介護扶助費、②医療扶助費が最低生活費に加算されます。

●病気になったときの生活保護

支給額は以下のとおりの計算となります。

世帯の最低生活費（生活扶助費＋住宅扶助費＋介護扶助費＋医療扶助費）－
（厚生労働大臣が定める基準）

世帯の収入（年金収入・扶養料など）合計額＝○○，○○○円
（支給額）

※**介護扶助費**　介護サービスの利用に際しての本人負担分など

※**医療扶助費**　病気やケガによる医療費や、それに付随する費用

●医療扶助

医療扶助は、生活困窮者に対して援助される生活保護の一種で、原則として生活扶助などと併せて支給（90ページ参照）されます。医療扶助については、生活費も医療費も含めて生活保護が必要かどうかの判定がなされ、世帯の収入の状況によっては、医療費だけの支給となる場合があります。

なお、医療扶助を求める場合には、生活保護の申請において、生活扶助の申請とは別の書類が必要です。それは要否意見書用紙で、これに必要事項を記載して提出する必要があります。

その後、医療扶助の要否の決定通知がなされ、要医療扶助と認められれば、医療券が交付され、この医療券を指定医療機関に提示して受診（無料）することになります。

なお、国民健康保険あるいは老人医療制度の保険料については、同制度の規定により所得に応じた減免制度があります。

④資産があれば売却して生活費に充てる

〈ポイント〉①資産があれば売却等により生活費に当てる
②換金価値がなく保有が認められる資産もる
③仕事に必要な資産で保有が認められるものもある

♣生活保護を受給するためには、①生活が困窮していること、②資産を活用（原則として、不動産等があれば売却など）、③能力を活用（能力に応じて働く）こと、④その他、あらゆるものを活用している（他の福祉制度の利用や扶養義務者からの扶養料をもらうなど）こと、があります。ここでは、②の資産の活用を解説します。

1 資産の活用

資産にはさまざまなものがあります。主なものとしては、①不動産（土地・家屋）、②動産（自動車や宝飾品・書画骨董品など）、③預貯金・株式などがあります。こうした資産については、生活保護を受けるためには、これらの資産を最低生活維持のために活用しなければなりません。

活用のしかたとして、最も代表的な方法としては売却があります。売却による収益金を生活費に当てるのです。ただし、売却するにしても買い手がつかなければ意味がありません。また、そのまま保有していたほうがよい場合もあります。

2 売却処分か、そのまま保有か

資産を処分しなくてよい場合の原則的な考え方は、以下のとおりです。
①　現実に、最低生活の維持のために活用されており、かつ、処分するりも**保有している方が生活維持および自立助長に実効がある**と認められるものは処分しなくてもよい。
②　現在は活用されていないが、将来活用されることがほぼ確実で、かつ、いま処

40

分するよりも**保有している方が生活維持に実効がある**と認められるものは処分しなくてもよい。ただし、これは抽象的な判断基準であり、実際の判断となるとケース・バイ・ケースとなります。要は、地域住民、特に低所得者との均衡から見て、最低生活の内容としてその保有が容認できるかどうかが判断の基準となるでしょう。

3　リバースモーゲージと生活保護

　これは自宅を担保にして、金融機関等から借金をして、その借金を毎月年金として受け取るしくみで、通常の住宅ローン（モーゲージ）では年限とともに借入れ残高は減っていきますが、この制度では増えていくので、リバースモーゲージと呼ばれています。

　生活保護との関連においては、生活困窮者版リバースモーゲージ（要保護者世帯向け長期生活支援資金）制度があります。生活保護の受給要件には資産の活用があり、資産を担保に社会福祉協議会が貸付け、貸付限度額まで借り入れて使用（活用）した後でなければ、生活保護は受給できないというものです。

　評価額500万円以上の不動産を所有し、生活保護が必要な原則65歳以上の高齢者が対象で、評価額の7割（マンションは5割）を限度に貸付けて、本人の死後に不動産を処分して貸付金を回収する仕組です。

　実際に使用されていない土地などであれば処分を求められますが、法の目的の1つである「自立の助長」の観点から、家族人員、部屋数等を考慮して、特段高額な住居でなければ売却することを求められません。

　なお、2010年12月に、秋田市の生活保護利用者が土地付き住宅を担保に、社会福祉協議会からお金を借りるように指導を受けたことを不服として、不服審査請求を秋田県知事に行い、県がその指導を却下したという事件がありました。

◆生活保護の受給で所有してもいいもの

　資産活用の要件は、こまごまとした日常生活品まで売って換金しなさい、というのではありません。一般的には、贅沢品については、売却して換金しなさいというものです。

　今日、所有が認められるものとしてクーラーなどの冷暖房機、テレビ、パソコンなどがあります。ただし、一般の人が購入しているものに比べ高額なものについては認められないでしょう。預貯金は、原則として認められませんが、当座の生活資金としては、最低生活費の半分程度は認められるようです。

◆資産の活用 （厚生労働省『保護の実施要領』より）

資産保有の限度及び資産活用の具体的取扱いは、次に掲げるところによること。ただし、保有の限度を超える資産であっても、次官通知第3（下記）の3から5までのいずれかに該当するものは、保有を認めて差し支えない。

なお、不動産の保有状況については、定期的に申告を行わせるとともに、必要がある場合は更に訪問調査等を行うこと。

1　土　地
(1)　**宅地**　次に掲げるものは、保有を認めること。ただし、処分価値が利用価値に比して著しく大きいと認められるものは、この限りでない。

また、要保護世帯向け不動産担保型生活資金（生活福祉資金貸付制度要綱に基づく「要保護世帯向け不動産担保型生活資金」をいう。以下同じ。）の利用が可能なものについては、当該貸付資金の利用によってこれを活用させること。

ア　当該世帯の居住の用に供される家屋に付属した土地で、建築基準法第52条及び第53条に規定する必要な面積のもの

イ　農業その他の事業の用に供される土地で、事業遂行上必要最小限度の面積のもの

(2)　**田畑**　次のいずれにも該当するものは、保有を認めること。ただし、処分価値が利用価値に比して著しく大きいと認められるものは、この限りでない。

ア　当該地域の農家の平均耕作面積、当該世帯の稼働人員等から判断して適当と認められるものであること。

イ　当該世帯の世帯員が現に耕作しているものであるか、又は当該世帯の世帯員若しくは当該世帯の世帯員となる者がおおむね3年以内に耕作することにより世帯の収入増加に著しく貢献するようなものであること。

(3)　**山林及び原野**　次のいずれにも該当するものは、保有を認めること。ただし、処分価値が利用価値に比して著しく大きいと認められるものは、この限りでない。

ア　事業用（植林事業を除く。）又は薪炭の自給用若しくは採草地用として必要なものであって、当該地域の低所得世帯との均衡を失することにならないと認められる面積のもの。

イ　当該世帯の世帯員が現に最低生活維持のために利用しているものであるか、又は当該世帯員若しくは当該世帯の世帯員となる者がおおむね3年以内に利用することにより世帯の収入増加に著しく貢献するようなものであること。

2　家　屋
(1)　**当該世帯の居住の用に供される家屋**

保有を認めること。ただし、処分価値が利用価値に比して著しく大きいと認められるものは、この限りでない。

なお、保有を認められるものであっても、当該世帯の人員、構成等から判断して

部屋数に余裕があると認められる場合は、間貸しにより活用させること。

また、要保護世帯向け不動産担保型生活資金の利用が可能なものについては、当該貸付資金の利用によってこれを活用させること。

(2) その他の家屋

　ア　事業の用に供される家屋で、営業種別、地理的条件等から判断して、その家屋の保有が当該地域の低所得世帯との均衡を失することにならないと認められる規模のものは、保有を認めること。ただし、処分価値が利用価値に比して著しく大きいと認められるものは、この限りでない。

　イ　貸家は、保有を認めないこと。ただし、当該世帯の要保護推定期間（おおむね３年以内とする。）における家賃の合計が売却代金よりも多いと認められる場合は、保有を認め、貸家として活用させること。

3　事業用品

次のいずれにも該当するものは、保有を認めること。ただし、処分価値が利用価値に比して著しく大きいと認められるものは、この限りでない。

(1) 事業用設備、事業用機械器具、商品、家畜であって、営業種目、地理的条件等から判断して、これらの物の保有が当該地域の低所得世帯との均衡を失することにならないと認められる程度のものであること。

(2) 当該世帯の世帯員が現に最低生活維持のために利用しているものであるか、又は当該世帯の世帯員若しくは当該世帯の世帯員となるものが、おおむね１年以内（事業用設備については３年以内）に利用することにより世帯の収入増加に著しく貢献するようなもの。

4　生活用品

(1) **家具什器及び衣類寝具**　当該世帯の人員、構成等から判断して利用の必要があると認められる品目及び数量は、保有を認めること。

(2) **趣味装飾品**　処分価値の小さいものは、保有を認めること。

(3) **貴金属及び債券**　保有を認めないこと。

(4) その他の物品

　ア　処分価値の小さいものは、保有を認めること。

　イ　ア以外の物品については、当該世帯の人員、構成等から判断して利用の必要があり、かつ、その保有を認めても当該地域の一般世帯との均衡を失することにならないと認められるものは、保有を認めること。

5　判断基準

１の(1)の当該世帯の居住の用に供される家屋に付属した土地、及び２の(1)の当該世帯の居住の用に供される家屋であって、当該ただし書きにいう処分価値が利用価値に比して著しく大きいと認められるか否かの判断が困難な場合は、原則として各実施機関が設置するケース診断会議等において、総合的に検討を行うこと。

資産の所有と保護についてのQ&A

Q1　自宅があると生活保護は受けられないか

♣生活保護を受けるには、①世帯の収入が生活保護基準よりも少なく、②資産の活用、③能力の活用、④その他あらゆるものの活用という要件をクリアしなければなりません。

　例えば、自宅の不動産を所有していると、原則として②の資産活用の要件に反することにり、自宅は処分しければなりません。

●自宅の所有と生活保護

　自宅（家）をもっている場合は基本的には売却して生活費に当てることになります。しかし、すぐに売却することが難しい場合には、一時的に保護を開始してその後売却ができた段階で、売却で得たお金から既に支給された生活保護費を返済する運用がなされています。

●自宅を売却しなくてよい場合

　自宅の所有は、①土地（宅地）と②家屋（建物）とに分かれますが、処分価値が利用価値よりも著しく大きい場合には保有（そのまま住むこと）が認められます。

　なお、要保護者向けの不動産担保型生活資金（生活福祉資金貸付制度）の利用が可能な場合には生活保護を受ける前にこの貸付を利用することになります。

　また、家屋が世帯の人員、構成から判断して部屋数に余裕がある場合は、保有が認められる場合であっても、余裕のある部屋は間貸しすることにより活用しなければならないとされています。

Q2　自動車があると生活保護は受けられないか

♣生活保護を受けるには、①世帯の収入が生活保護基準よりも少なく、②資産の活用、③能力の活用、④その他あらゆるものの活用というの要件をクリアしなければなりません。

　したがって、**自動車は動産という資産**ですので、原則として自動車を所有することは認められず、売却しなければなりません。

●自動車の所有と生活保護

　上記のとおり、自動車の所有（保有）は、利用（運転）をすることは原則としてでき

ません。しかし、これには例外があり、障害者の通院に必要、自動車がないと通勤できないなどの特別の事情がある場合は、例外的に自動車の所有・利用が認められます。

　これは自動車の所有にかぎらず、資産の活用は売却を原則とし、社会通念上処分されることが適当とされないもの（場合）については、例外的に所有が認められます。

● **自動車の所有ができる場合はどんなときか**

　自動車を保有できるのは、次の場合です。

① 　障害者が自動車により通勤する場合

② 　公共交通機関の利用が著<ruby>著<rt>いちじる</rt></ruby>しく困難な地域に居住するもの等が自動車により通勤する場合

③ 　公共交通機関の利用が著<ruby>著<rt>いちじる</rt></ruby>しく困難な地域にある勤務先に自動車により通勤する場合

④ 　深夜勤務等の業務に従事している者が自動車による通勤する場合

　　ただし、②③および④については、下記のいずれかに該当することが必要とされています。

イ．世帯状況からみて、自動車による通勤が止むを得ないものであり、かつ、当該勤務が当該世帯の自立に役立っていると認められるもの。

ロ．当該地域の自動車の普及率を勘案<ruby>勘案<rt>かんあん</rt></ruby>して、自動車を保有しない低所得世帯との均衡を失しないものであること。

ハ．自動車の処分価値が小さく、通勤に必要な範囲の自動車と認められるものであること。

ニ．当該通勤に伴う収入が自動車の維持費を大きく上回ること。

参考：「保護実施要領」（厚生労働省）等

◆ **生活保護で所有が認められないもの・認められるもの**（本文も参照）

　各福祉事務所で異なる場合があるようですが、目安は以下のとおりです。

● **所有が認められないもの（主なもののみ）**

①一定額以上の現金・預貯金…生活費の半月分程度（現実的には10万円以上）

②貯金性のある保険…生命保険、医療保険、学資保険など。

③株券・債権・借金・貴金属…腕時計などの貴金属は高価かどうかでで判断。

④住んでいない土地や家…住んでいる住宅は資産価値の状況等により対応。

● **所有が認められるもの（主なもののみ）**

①日常生活品…テレビ・冷蔵庫・電子レンジ・洗濯機・冷暖房機・掃除機など。

②生活に必要な家具…テーブル・ベッド・椅子・ソファーなど。

③IT機器…携帯電話・スマートフォン・パソコン・プリンターなど。

④その他…介護用品・犬猫等のペットなど。　　※贅沢品・売却価格等で判断

5 働ける人は働かなければ 保護は受けられない

〈ポイント〉①働ける人は働かなければならない
②収入が最低生活費に満たない場合に保護がある
③働けない人は医師の診断書などを提出する

♣生活保護を受けるには、①世帯の収入が生活保護基準よりも少なく、②**資産の活用**、③**能力の活用**、④その他あらゆるものの活用の要件をクリアしなければなりません。働けるのに働かないは③**の能力活用の問題**です。

1 「能力の活用」の要件とは何か

　働くことが可能な人は、働いて収入を得るのが原則です。ただし、働いてもその人の属する世帯の収入が厚生労働大臣が定める世帯の最低生活費（34ページ参照）に達しない場合は、その不足分については生活保護の支給を受けることができます。

　簡単に言えば、働く能力があり、就労が可能と思われる適当な職場があるのに、どうしても働こうとしない者については、生活保護の要件を欠くものとして、保護を受けることができません。逆に言えば、高齢で働くことができない者や病気で働けない者については、働く能力はないのですから、保護基準（最低生活費）以下の世帯に属する場合、他の世帯員と共に生活保護を受けることができます。

　また、就職活動を行っていても現実に働く職場がないときには、「働く意思」はあるのに「働く機会がないのですから保護を受けることができます。問題となるのは、働く能力があるのに本人の希望する仕事や収入がなく、その結果として、働かない場合です。これは、就労の機会の問題でもありますが、求職活動の状況から「就労の意思」「就労の機会」の有無が判断されます。

　なお、保護の決定の通知は保護の申請があった日から、原則として14日以内に行うことになっていますが、特別な場合にはこれを30日まで延ばすことができます。「就労の意思」「就労の機会」の有無について判断ができない場合には、特別な理由

があるとして保護の決定が30日まで延長されることがあります。ただし、保護の決定が遅れる場合には、必ず遅延理由を記載して通知しなければなりません。

2 就労可能性の調査

「能力の活用」の判定においては、「就労の可能性の調査」が行われます。

働いて収入を得ることができるかどうかについては、まず、病気やケガ等で就労が不可能な場合には、その旨が記載された医師の診断書を提出します。

就労が可能な人には、就職を促す指導がなされます。リストラや会社の倒産で退職金や雇用保険のない人については、緊急援助がなされる場合もあります。

【指導例】① 能力を活用していないもの、転職の指導及び就労日数等が少なく就労日数等の増加を指導した者に対しては、求職活動状況、収入申告書の提出を求められることがあります。

② 今後、能力活用が期待できる場合、公共職業安定所（ハローワーク）を通じて行う求職活動を支援するとともに、求職活動状況の報告、公共職業安定所の求職登録等の指示、自立支援プログラムへの参加、生業費、技能習得費、その他の法令による施策を活用するなど、援助と指導が行われます。

◆稼働能力の活用 （厚生労働省『保護の実施要領』より）

1 稼働能力を活用しているか否かについては、①稼働能力があるか否か、②その具体的な稼働能力を前提として、その能力を活用する意思があるか否か、③実際に稼働能力を活用する就労の場を得ることができるか否か、により判断すること。また、判断に当たっては、必要に応じてケース診断会議や稼働能力判定会議等を開催するなど、組織的な検討を行うこと。

2 稼働能力があるか否かの評価については、年齢や医学的な面からの評価だけではなく、その者の有している資格、生活歴・職歴等を把握・分析し、それらを客観的かつ総合的に勘案して行うこと。

3 稼働能力を活用する意思があるか否かの評価については、求職状況報告書等により本人に申告させるなど、その者の求職活動の実施状況を具体的に把握し、その者が2で評価した稼働能力を前提として真摯に求職活動を行ったかどうかを踏まえ行うこと。

4 就労の場を得ることができるか否かの評価については、2で評価した本人の稼働能力を前提として、地域における有効求人倍率や求人内容等の客観的な情報や、育児や介護の必要性などその者の就労を阻害する要因を踏まえて行うこと。

働くことについてのQ&A

Q1 働けるのに働かないと生活保護は受けられないか

♣生活を受給するには、働くことができる人は、能力に応じて働いて収入を得ることが前提です。自分の都合で働かないと、能力の活用がないとされます。ただし、働いている人でも収入が少なく最低生活費に満たない場合には、生活保護の対象となります。

●「能力に応じて働く」とはどういうことか

高齢や病気・ケガで働けない状態にあれば、働く能力がないのですから「能力に応じた働き」をすることはできないでしょう。

ただし、病気といっても精神障害の場合には、病気なのか働く気がないのか判断に困る場合があります。

病気やケガの場合、生活保護の申請において医師の診断書を添付することになっていますので、結局はその診断内容によることになるでしょう。

Q2 働きたくても仕事がない場合はどうなるか

♣一定年齢を過ぎると、働き口が少なくなり採用されることが難しくなります。

こうした場合は、働くことはできないのですが、ハローワークなどで仕事探しを続けなければなりません。生活保護の相談においては、こうした助言がなされることでしょう。

●適職がないとき

適職がない等を理由に働かない者については、誠実に就職活動等をしていれば、能力の活用要件をクリアしているとされます。しかし、生活保護が決定した後も引き続き就職活動をすることが要求されます。また、なかなか就職が決まらない場合には、公共職業安定所の求職登録等の指示や自立支援プログラムへの参加などの指導が行われます。

なお、日雇い等で仕事の不安定を理由に稼働（かどう）が不十分なものについては、誠実に働いているかどうかが判定され、指導がなされる場合があります。

Q3　自立支援プログラムに参加しないかと言われた…

♣国は、増加する生活保護対策として、生活保護者が早期に仕事に就けるように、自立支援を行っています。この自立支援対策として国が行っているのが「自立支援プログラム」です。

●「自立支援プログラム」とは

「自立支援プログラム」の内容は、これといって特別な内容ではありませんが、概略を説明すると、以下のようになります。

①　就労などによる経済的自立を支援する。

②　健康の回復・維持を自分でできるようにするために、日常生活の自立を支援する。

③　社会的繋がりを回復したり維持したりすることで、地域社会で充実した生活を送ることを目指す、社会生活の自立を支援する。

　以上の項目などについて受給者の状況や能力に応じて実施する制度です。就労支援は、自立支援プログラムの1つと考えてよいでしょう。

●「自立支援プログラム」を受けるには

　具体的な自立支援プログラムの策定は各市長村が行い、手続は生活保護担当窓口（福祉事務所）で行います。現実問題としては、就労しても、生活保護費の受給分が少なくなるだけで、就労意欲にはなかなかつながらないと言われています。

　なお、困窮者等自立支援法の制定により、自立支援（就労）の強化がなされています。詳細については120ページを参照してください。

◆生活保護受給者の就労支援

　サラリーマンの生活を守る第1のセーフティーネットは『雇用保険など』、第2ののセーフティーネットが『求職者支援制度など』、最後のセーフティーネットが『生活保護』だと言われています。

　この第2ののセーフティーネットである『求職者支援』について、ハローワークと福祉事務所が連携し、生活保護受給者の自立に向けた就職支援が強化・実施されています。これは、生活保護受給者等就労自立促進事業（平成25年度創設）で、福祉事務所にハローワークの常設窓口を設置したり、巡回相談を行うなど、就職支援体制の強化を図るというものです。

　なお、平成25年8月からは、生活保護受給者が積極的に就職活動に取り組み福祉事務所が認めた場合（条件あり）、月5000円の就職支援活動費の支給（原則5か月、最長1年）がなされています。

⑥ あらゆるものを活用した後でないと受給できない

〈ポイント〉 ①他の制度を先に活用する
②扶養親族から援助もある
③借金は、原則としてあらゆるものには入らない

♣生活保護を受ける要件の一つに、「その他あらゆるものの活用」というのがあります。生活保護を受給するためには、資産、能力の活用だけでなく、その他あらゆるものを活用することが要求されます。

1 「その他あらゆるものの活用」とは

その他あらゆるものの活用については、生活保護法４条には、具体的な記載はありません。

地方自治体等の生活保護の資料には、「扶養義務者の扶助」や「他法令による扶助」をその他あらゆるものの活用としてあげている例もありますが、これについては同条の２項に規定があり、生活保護に優先することを宣言したとの規定となっています。

本例としては、社会福祉協議会などの生活困窮者に対する貸付制度の活用も考えられ、例えば、他の法律制度によって貸付を受ければ、現在および将来にわたって十分、安定した生活を営んで行くことができるような場合には、まず、その貸付を受けて、自分の力で生活が維持できるよう努力することが必要、などがあります。

また、年金や手当など社会保障給付等、他の制度（法律）で利用できるものがあれば活用しなければなりません（４条２項では、他の法律で定める扶助は、すべての生活保護に定める扶助に優先するとしています）。

こうした他法令による制度には、傷病手当金、失業給付金、労働災害補償金、障害年金、老齢年金、児童手当、児童扶養手当など多数があります（該当解説は58ページ参照）。

2　扶養親族からの援助(扶養料)・他の法制度の活用

　生活保護法４条２項は、扶養親族(ふようしんぞく)から援助（扶養料(ふようりょう)）・他の法律制度の活用（手当等）を生活保護に優先して行われるものとする、と定めています。つまり、生活保護を利用するには、まず、こうした制度を利用して、それでも最低限度の生活ができない場合に、生活保護が利用できるとしているのです。

　この規定が、その他あらゆるものの活用とどう結びつくかは法文上定かではありませんが、実務では、扶養親族から援助（扶養料）・他の法律制度の活用が、受給要件である「その他あらゆるもの」としてあげられているようです。ただし、実務では、扶養については受給要件とはされていません。

　なお、扶養親族から援助（扶養料）については52ページ以下、他の法律制度の活用（手当等）については58ページ以下で解説しますので参照してください。

> ### ◆事件＝年収5000万円の人気芸人の母が生活保護
>
> ♣本事件は、年収が5000万円と言われる人気芸人の母親が、生活保護を受給していたという事件です。生活保護法は、保護費の受給要件(じゅきゅうようけん)として、扶養義務者による扶養（扶養料の支払）が生活保護に優先するとしています。もっとも、扶養料を支払うことができるだけの収入がある扶養義務者の場合です。
>
> 　この規定を事件に当てはめてみますと、扶養義務者の子が年収5000万円もありながら、その母親が生活保護を受けていたのは問題である、ということになります。ただし、詳細については人気芸人が口を閉ざしており、はっきりしたことはわかっていません。ただ、事件が発覚した後は生活保護費を受給しておらず、また、すでに受給した保護費の一部は返還されたということです。
>
> ♣この事件は、はからずも生活保護制度の問題点を明らかにしました。
>
> ①その第一は扶養の問題です。核家族化(かくかぞくか)が進行した今日、扶養という意識がどこまであるかということです。子の面倒は当然として、親の面倒までは見きれない、という人が多数のようです。
>
> ②大多数の人はそうではありませんが、保護費をもらえるなら、もらった方がもらい得という人も多くいます。本事件の生活保護に関しては、福祉事務所に扶養義務者の年収等の調査権もなく、制度の甘さがつかれたのだという指摘もあります。
>
> ③生活保護は「入りにくく、出にくい」と言われます。いったん受給が決定すると、なかなか保護の廃止や停止が行われません。まして、扶養義務者の収入が増えたことなどによる生活保護の停止はあまり前例のないことです。

⑦扶養義務者からの援助は生活保護に優先する

〈ポイント〉①扶養義務者には援助できるか、問い合わせがいく
②援助できないと返答があればそれまで…
③扶養料の収入分は生活保護費から差し引かれる

♣生活保護法４条２項は、「民法に定める扶養義務者の扶養（ふよう）および他の法律に定める扶助（ふじょ）は、すべての法律による保護を優先して行われるものとする。」と規定しています。したがって、扶養義務者がいれば扶養の要請がなされ、その扶養料は収入となります。ただし、これは生活保護を受ける要件ではありませんので、扶養者がいるからといって生活保護を受けられないというものではありません。

1 扶養義務者と生活保護

　扶養義務者からの扶養援助は保護に優先して行われることになりますが、これは扶養自体を生活保護を受けるための要件とするものではなく、扶養義務者に援助の要請をしていない場合や扶養を断られた場合に、そのことを理由に保護申請を却下することはできません。ただし、保護の申請書には扶養義務者の欄があり、福祉事務所から扶養義務者に扶養の可否について照会がなされ、調査等により扶助が期待できる人との協議が行われ、具体的を扶養料等が決まります。

　なお、援助を拒否された場合どうなるかですが、保護申請者が20歳以上の成年の場合、申請者の親族に援助する余裕があっても援助を拒否された場合には、強制はできないとされています（要保護者本人あるいは福祉事務所が委任を受けて裁判上の手続により扶養料を請求することは可）。

2 扶養義務者の援助

　扶養義務者については民法877条に規定があり、以下のとおりです。

【民法877条】（扶養義務者）

① 直系血族及び兄弟姉妹は、互いに扶養をする義務がある。

② 家庭裁判所は特別な事情があるときは、前項に規定する場合の他、3 親等内の範囲においても扶養の義務を負わせることができる。

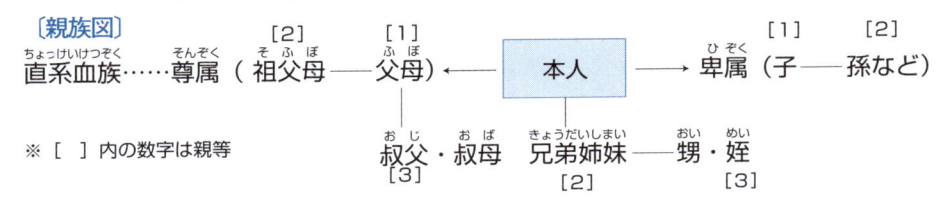

［親族図］

直系血族……尊属（祖父母 ── 父母）◀── 本人 ──▶ 卑属（子 ── 孫など）

※［ ］内の数字は親等　　叔父・叔母　兄弟姉妹 ── 甥・姪

　扶養義務者の義務には、生活保持義務と生活扶助義務とがあります。生活保持義務は、夫婦相互間および未成熟の子に対するもので、生活扶助義務はその他の扶養義務者が、ゆとりがある場合に義務が成立する場合です。生活保護で問題となるのは、世帯員は保護の対象であることから世帯員以外の扶養義務者が扶養できないかです。つまり、世帯員以外の者（兄弟姉妹の場合が多い）から扶養料をもらえないかが問題となります。具体的には、扶養が可能か、文書等で打診されます。

※1.生活保持義務者…夫婦間および親の未成熟の子に対する関係で、扶養義務者が文化的最低限度の生活水準を維持した上で余力があれば自身と同程度の生活を保障する義務。

　2.生活扶助義務者…上記生活保持義務者を除く直系血族および兄弟姉妹で、扶養義務者（その同居の家族含む）の社会的地位にふさわしい生活を成り立たせた上でなお余裕があれば援助する義務。

　扶養義務者からの扶養料の支払があれば、その扶養料は収入と認定され、生活保護費の支給はその分減らされることになります。

◆扶養義務からの援助 （厚生労働省『保護の実施要領』より）

1　扶養義務者の存否の確認について

(1) 保護の申請があったときは、要保護者の扶養義務者のうち次に掲げるものの存否をすみやかに確認すること。この場合には、要保護者よりの申告によるものとし、さらに必要があるときは、戸籍謄本等により確認すること。

　ア 絶対的扶養義務者。

　イ 相対的扶養義務者のうち次に掲げるもの。

　　(ア) 現に当該要保護者又はその世帯に属する者を扶養している者。

　　(イ) 過去に当該要保護者又はその世帯に属する者から扶養を受ける等特別の事情があり、かつ、扶養能力があると推測される者。

(2) 扶養義務者の範囲は、次表のとおりであること（上記本文参照）。

(3) 扶養義務者としての「兄弟姉妹」とは、父母の一方のみを同じくするものを含む。

2　扶養能力の調査について

⑴　1により把握された扶養義務者について、その職業、収入等につき要保護者その他により聴取する等の方法により、扶養の可能性を調査すること。

　なお、調査にあたっては、金銭的な扶養の可能性のほか、被保護者に対する定期的な訪問・架電、書簡のやり取り、一時的な子どもの預かり等（以下「精神的な支援」という。）の可能性についても確認するものとする。

⑵　次に掲げる者（以下「重点的扶養能力調査対象者」という。）については、更にアからエにより扶養能力を調査すること。

①　生活保持義務関係にある者

②　①以外の親子関係にある者のうち扶養の可能性が期待される者

③　①、②以外の、過去に当該要保護者又はその世帯に属する者から扶養を受ける等特別の事情があり、かつ、扶養能力があると推測される者

ア　重点的扶養能力調査対象者が保護の実施機関の管内に居住する場合には、実地につき調査すること。重点的扶養能力調査対象者が保護の実施機関の管外に居住する場合には、まずその者に書面により回答期限を付して照会することとし、期限までに回答がないときは、再度期限を付して照会を行うこととし、なお回答がないときは、その者の居住地を所管する保護の実施機関に書面をもって調査依頼を行うか、又はその居住地の市町村長に照会すること。

　ただし、重点的扶養能力調査対象者に対して直接照会することが真に適当でないと認められる場合には、まず関係機関等に対して照会を行い、なお扶養能力が明らかにならないときは、その者の居住地を所管する保護の実施機関に書面をもって調査依頼を行うか、又はその居住地の市町村長に照会すること。なお、相当の扶養能力があると認められる場合には、管外であっても、できれば実地につき調査すること。

イ　調査は、重点的扶養能力調査対象者の世帯構成、職業、収入、課税所得及び社会保険の加入状況、要保護者についての税法上の扶養控除及び家族手当の受給並びに他の扶養履行の状況等について行うこと。

ウ　アの調査依頼を受けた保護の実施機関は、原則、3週間以内に調査の上回答すること。

エ　調査に際しては、重点的扶養能力調査対象者に要保護者の生活困窮の実情をよく伝え、形式的にわたらないよう留意すること。

⑶　重点的扶養能力調査対象者以外の扶養義務者のうち扶養の可能性が期待される者については、次により扶養能力を調査すること。なお、実施機関の判断により、重点的扶養能力調査対象者に対する調査方法を援用しても差しつかえない。

ア　重点的扶養能力調査対象者以外の扶養義務者のうち扶養の可能性が期待される者への照会は、原則として書面により回答期限を付して行うこと。なお、実施機関の判断により電話連絡により行うこととしても差しつかえないが、不在等により連絡が取れない場合については、再度の照会又は書面による照会を行うこと。

　また、電話連絡により照会した場合については、その結果及び聴取した内容をケース記録に記載するとともに、金銭的な援助が得られる場合については、その援助の内容について書面での提出を求めること。

イ　実施機関において重点的扶養能力調査対象者以外の扶養義務者のうち扶養の可

能性が期待される者に対して直接照会することが真に適当でないと認められる場合には、扶養の可能性が期待できないものとして取り扱うこと。

　ウ　照会の際には要保護者の生活困窮の実情をよく伝えるとともに、重点的扶養能力調査対象者以外の扶養義務者のうち扶養の可能性が期待される者の世帯構成、職業、収入、課税所得及び社会保険の加入状況、要保護者についての税法上の扶養控除及び家族手当の受給並びに他の扶養履行の状況等の把握に努めること。

(4)　扶養の程度及び方法の認定は、実情に即し、実効のあがるように行うものとし、扶養義務者の了解を得られるよう努めること。この場合、扶養においては要保護者と扶養義務者との関係が一義的であるので、要保護者をして直接扶養義務者への依頼に努めさせるよう指導すること。

(5)　扶養の程度は、次の標準によること。

　ア　生活保持義務関係（第1の2の(4)のイ、同(5)のイ、ウ若しくはオ又は同(8)に該当することによって世帯分離された者に対する生活保持義務関係を除く。）においては、扶養義務者の最低生活費を超過する部分

　イ　第1の2の(4)のイ、同(5)のイ、ウ若しくはオ又は同(8)に該当することによって世帯分離された者に対する生活保持義務関係並びに直系血族（生活保持義務関係にある者を除く。）兄弟姉妹及び相対的扶養義務者の関係（以下「生活扶助義務関係」という。）においては、社会通念上それらの者にふさわしいと認められる程度の生活を損わない限度

(6)　扶養の程度の認定に当たっては、次の事項に留意すること。

　ア　扶養義務者が生計中心者であるかどうか等その世帯内における地位等を考慮すること。

　イ　重点的扶養能力調査対象者以外の者が要保護者を引き取ってすでになんらかの援助を行っていた場合は、その事情を考慮すること。

3　扶養の履行について

(1)　重点的扶養能力調査対象者が十分な扶養能力があるにもかかわらず、正当な理由なくして扶養を拒み、他に円満な解決の途がない場合には、家庭裁判所に対する調停又は審判の申立てをも考慮すること。この場合において、要保護者にその申立てを行わせることが適当でないと判断されるときは、社会福祉主事が要保護者の委任を受けて申立ての代行を行ってもよいこと。なお、重点的扶養能力調査対象者以外の者について家庭裁判所に対して調停等を申立てることを妨げるものではない。

(2)　(1)の場合において、必要があるときは、(1)の手続の進行と平行してとりあえず必要な保護を行ない、家庭裁判所の決定があった後、法第77条の規定により、扶養義務者から、扶養可能額の範囲内において、保護に要した費用を徴収する等の方法も考慮すること。なお、法第77条の規定による費用徴収を行なうに当たっては、扶養権利者が保護を受けた当時において、当該扶養義務者が法律上の扶養義務者であり、かつ、扶養能力があったこと及び現在当該扶養義務者に費用償還能力があることを確認すること。

(3)　扶養義務者の扶養能力又は扶養の履行状況に変動があったと予想される場合は、すみやかに、調査のうえ、再認定等適宜の処理を行うこと。なお、重点的扶養能力調査対象者に係る扶養能力及び扶養の履行状況の調査は、年1回程度は行うこと。

扶養義務者からの援助についてのQ&A

Q1　叔父が金持ちだと生活保護が受けられないのか

♣生活保護法４条２項には「民法に定める扶養義務者（ふようぎむしゃ）の扶養（ふよう）…は、すべてこの法律に優先して行われるものとする。」と規定しています。

　これは生活保護を実施する場合、扶養を生活保護よりも優先するという意味で、つまり扶養があって最低生活費を満たすことになれば生活保護が受給できないという意味でしかありません。

●叔父（おじ）の扶養義務と生活保護

　要保護者の存否の確認は、福祉事務所に提出する生活保護申請の扶養者の申告により行われます。

　扶養義務者の確認は、

①　現に当該要保護者またはその世帯に属するものを扶養している者、

②　過去に当該要保護者またはその世帯に属する者から扶養を受ける等特別の事情があり、かつ、扶養能力があると推測される者、

について確認・調査が行われ、扶養の打診が行われます。

　叔父は父母の兄弟ですから親族の３親等に当たり、特別な事情がある場合には相対的扶養義務者になります。

　ここで言う「特別な事情」には、

①　過去に当該申請者またはその世帯に属する者から扶養を受けたことがある場合

②　遺産相続等（いさんそうぞく）に関し、当該申請者またはその世帯に属する者から利益を受けたことがある場合（とうがい）

③　当該親族間の慣行または当該地域の慣行により、当該申請者またはその世帯に属する者を扶養することが期待される立場にある場合

などで、こうした生活共同体としての実態がある場合には、扶養関係にあるとされています。

　判例上も扶養義務者と認めるのは、相当とされる程度の経済的対価を得ている場合、高度の道義的恩恵（おんけい）を得ている場合、同居者である場合など、できるだけ限定して認めています。

Q2　どのくらい扶養料はもらえるのか

♣扶養の程度については、相対的扶養義務者の場合には、社会通念上、それらの者にふさわしいと認められる程度の生活を損なわない扶養が限度とされています。

　したがって、扶養義務者が社会通念上ふさわしい生活ができていない場合には、扶養義務はないことになります。ただし、生活保護の受給に当たり、親族に扶養を求めることには反対意見もあります。

●扶養料の収入は

　Ｑ１を例にとれば、父母と叔父は兄弟（若しくは兄妹・姉妹）関係ですので、父母と叔父は親族２親等に当たり、扶養義務者となります（53ページ図参照）。

　扶養が決まれば、扶養料分は収入となり、生活保護の支給額から差し引かれることになります。また、扶養ができるのに扶養しなかった場合には、その扶養料の額が都道府県あるいは市町村より徴収がなされる場合があります。

Q3　両親との同居で生活保護は…

♣両親の介護（扶養）をするために、両親と同居したいのですが、両親だけ生活保護を受けることはできないでしょうか。

●世帯単位の原則

　生活保護制度は、原則として世帯を単位として保護を決定・実施することとなっています。

　ただし、本例のような場合には、両親だけ保護を受けることができる場合もあります（世帯分離）。お住まいの福祉事務所にご相談ください。

◆扶養義務者からの扶養料支払の強化

　扶養料の支払については、保護の申請がなされたときに福祉事務所から兄弟姉妹までの扶養義務者に対して扶養できるかどうかの照会（通知）がなされます。

　しかし、多くの場合、扶養ができる状態ではないとして扶養は断られます。扶養ができる経済状態になく断るケースもありますが、福祉事務所にはその扶養義務者の収入に対する調査権はないとされていました。

　しかし、平成25年の改正で、経済的に余裕のある親や子、兄弟がいるような場合には、福祉事務所はその人に通知をして扶養できるかどうかの報告を求めることができることになりました。

8 社会保険や福祉制度からの扶助が生活保護に優先する

〈ポイント〉①生活保護は最後の救済手段
②他の制度についても相談してみよう
③他制度から給付があればその分は支給されない

♣日本の社会保障（しゃかいほしょう）や福祉制度（ふくしせいど）では、収入が少なくなったり、なくなったときのためにさまざまな保障や保護制度が設けられています。まず、こうした保障や保護制度を活用しましょう。

というのは、生活保護は最終的な救済制度で、生活保護を受けるには他の制度を活用して、なお生活が困窮（こんきゅう）する場合にしか適用されないからです。

1　他の法律による給付

他の社会保障・福祉制度には、次ページ表に掲げたものがあります。まずは、こうした制度で利用していないものがあるかを確認してください。ただし、社会保障・福祉制度は多岐にわたりますので、生活保護の受給も含めて、福祉事務所等で相談するのがよいでしょう。

2　生活保護は最後のセーフティネット

福祉制度や社会保障制度は、大まかには次ページの表のようになっていますが、生活保護はこうした他の福祉制度や社会保障制度を利用しても生活することができない人（世帯）のための最後のセーフティネットの制度なのです。

ちなみに、第1のセーフティーネットは雇用保険など、第2のセーフティーネットは求職者支援制度（きゅうしょくしゃしえんせいど）などと言われています。

◆社会保障・福祉制度

社会保障・福祉制度	内　容
●児童手当 　児童扶養手当 ●寡婦福祉手当 　寡婦福祉資金 ●貸付制度	子ども手当に代わり国からの児童手当が復活。 一人親家庭等の子（18歳未満）に対して国の支給。 一人親家庭等の子に対して地方自治体からの支給。 一人親家庭等の子に対して地方自治体からの貸付。 生活困窮者に対する社会福祉協議会等の貸付。
●医療保険 ●介護保険	国民健康保険、組合健保、全国健康保険協会からの給付。 民間保険会社の医療保険からの給付。 公的介護保険・民間保険会社の介護保険の給付。
●労働者災害補償保険 ●雇用（失業）保険	いわゆる労災で、療養補償、休業補償、障害補償、遺族補償、葬祭料、傷病補償年金、介護補償がある。 いわゆる失業保険。雇用保険法による。
●年金制度	国民年金、厚生年金、厚生年金基金、企業年金、個人年金からの給付がある。
●生活保護	上記の制度を活用した後に利用できる

※自治体の貸付制度が利用できる場合もある。母子・寡婦福祉資金貸付制度もある。ただし、これはあくまで借入れであり、生活保護の受給要件ではない。

◆貧困ビジネス

　社会保険や各種の福祉制度からの支給金が狙われています。

　貧困ビジネスと呼ばれるものには、囲い屋、ゼロゼロ物件、無料定額宿泊所（悪質なもの）、ヤミ金融などがあります。このうち囲い屋とは、生活保護費を受給させて、アパートなどに住まわせ高額な食費や光熱費を徴収します。こうした貧困ビジネスはさまざまなものがあり、NPO法人を語るものなどもあります。一度こうした貧困ビジネスの餌食となると、保護費などを使い果たすことになり、自立が困難になりますので注意が必要です。

　なお、平成18年の生活保護法の改正で、無料定額宿泊所等の貧困ビジネスへの対策の強化が図られ、日常生活の支援は都道府県知事等が認めた「日常生活支援住居施設」に限るとされました。

◆他法他施策の活用 （厚生労働省『保護の実施要領』）

次に掲げるものは、特にその活用を図ること。また、活用を図るべきものはこれらに限られるものではないので、これら以外のものの活用についても、留意すること。

- ・身体障害者福祉法
- ・児童福祉法
- ・知的障害者福祉法
- ・障害者総合支援法
- ・老人福祉法
- ・売春防止法
- ・配偶者からの暴力の防止及び被害者の保護に関する法律
- ・災害救助法
- ・農業災害補償法
- ・精神保健及び精神障害者福祉に関する法律
- ・感染症の予防及び感染症の患者に対する医療に関する法律
- ・原子爆弾被爆者に対する援護に関する法律
- ・公害健康被害の補償等に関する法律
- ・特別支援学校への就学奨励に関する法律
- ・健康保険法
- ・厚生年金保険法
- ・恩給法
- ・各共済組合法
- ・雇用保険法
- ・労働者災害補償保険法
- ・石綿による健康被害の救済に関する法律
- ・国民健康保険法
- ・国民年金法
- ・高齢者の医療の確保に関する法律
- ・介護保険法
- ・児童扶養手当法
- ・特別児童扶養手当等の支給に関する法律

・児童手当法
・戦傷病者戦没者遺族等援護法
・未帰還者留守家族等援護法
・引揚者給付金等支給法
・自動車損害賠償保障法
・墓地、埋葬等に関する法律
・自作農維持資金融通法
・母子及び寡婦福祉法
・母子保健法
・学校保健安全法
・生活福祉資金
・中国残留邦人等の円滑な帰国の促進及び永住帰国後の自立の支援に関する法律

◆生活保護を受けた場合に減免・支給されるもの

　生活保護を受給することが決まった場合には、申請や届出をすることによって、次のようなものが減免されます。ケースワーカー（福祉事務所の地区相談員）に相談してください。

①減免・免除されるもの
・国民年金保険料
・NHKの放送受信料
・市県民税・固定資産税
・保育料
・上下水道使用料など

②交付・支給されるもの（東京都府中市の場合）
・家庭ごみ用指定袋
・公衆浴場の入浴券
・都営交通の無料パス・JR定期券の割引

■他法による保護制度の優先
他法他施策の活用についてのQ&A

Q1 高齢でもう働けないが生活保護は受けられるか

♣高齢者だからという理由で、生活保護が受給できるわけではありません。生活保護を受けるには、①世帯の収入が最低生活費よりも少なく、②能力の活用、③資産の活用、④その他あらゆるものの活用の要件をクリアしなければなりません。

●年金と生活保護

年金は、上記④その他あらゆるものの活用に該当し、受給できる人はまず年金を受給しなければなりません。その上で、年金収入を含む世帯の収入が最低生活費にも満たず、資産もなく、働くこともできず、扶養も受けられないか少ないというのであれば、生活保護を受けられます。

収入は世帯単位で判定されますので、夫婦の年金収入が最低生活費を上回っていたり、配偶者が働いていた分を併せた収入が最低生活費以上となる場合や子と同居して世帯の収入が最低生活費を超える場合などのときには、生活保護を受けることはできません。支給額は、以下の計算で算出できます。

世帯の最低生活費－世帯の収入（年金など）合計額＝○○，○○○円
（厚生労働大臣が定める基準）　　　　　　　　　　　　　　（支給額）

なお、同居でない子や兄弟などからの扶養料は収入となり、生活保護の支給額から差し引かれます。

Q2 母子家庭ではどんな場合に保護が受けられるか

♣離婚などによる母子家庭で生活保護を受けようとする場合には、世帯の収入が最低生活費の基準以下の場合です。

世帯の収入には、母の収入、児童手当や児童扶養手当、その他の収入（離婚の場合は相手配偶者からの養育費の受給、親族からの扶養があればその扶養料など）があり、この合計が最低生活費に満たない場合には、原則として生活保護の対象になります。

●母子家庭と扶助

母子家庭においては、母親の収入、児童手当・児童扶養手当、その他配偶者から

の養育費が収入です。生活保護を受けるためには、資産の活用、能力の活用、その他あらゆるものの活用の要件を満たす必要があり、上記の収入が最低生活費に満たない場合に生活保護を受けることができます。

なお、祖父や祖母等と同居し生計を一つにしている場合には祖父や祖母の収入も世帯収入としてカウントされます。

したがって、他の法律による手当（支援）には、この児童手当、児童扶養手当があります。

※1. **児童手当**…児童手当法により児童を養育している者に支給される。中学生までで、支給額は年齢等により異なり月額1万円～1万5000円（親の所得制限あり）

2. **児童扶養手当**…児童扶養手当法により、父母の離婚などで子を養育している母（または父）にに支給されるもので、監護・養育する子どもの数や受給資格者の所得等によって支給額は決まります。

- ・子ども1人の場合　全部支給：4万2910円　一部支給：4万2900円～9780円
- ・2人目の加算額　全部支給：1万140円　一部支給1万130円～5070円
- ・3人目の加算額　全部支給：6080円　一部支給6070円～3040円

● **具体的な計算例**

〔例〕夫と離婚し、母（33歳）はパート収入とわずかな預貯金と慰謝料（いしゃりょう）で子2人（8歳と5歳）を養育してきたが、体をこわして会社をやめて現在は失業中（就職活動はしている）。なお、児童手当と児童扶養手当は受給中である。住所：東京都三鷹市（1級地－1）

【最低生活費の計算】

- ・生活扶助　母＋子1＋子2　　○○万○○○○円　┐
- 　　　　　　3人家族　　　　　○万○○○○円　┘ ＊78ページ以下の算式により計算
- ・住宅扶助（家賃）　　　　　5万3000円
- ・母子加算　　　　　　　　×××××円
- ・児童養育費加算　　　　　×××××円
- 　　　　　合計　　　　　　○○○○○円

【収入の計算】

- ・パート収入　　　　　　　△△△△△円
- ・児童扶養手当　　5万9130円
- ・児童手当　　　2万円（1人当たり1万円）
- 　　　　　合計　　　　　　□□□□□円

【生活保護による支給額】

○○○○○円（最低生活費）－□□□□□円（収入額）＝（支給額）

Q3　障害者支援があると保護は受けられないか

♣障害者のいる世帯（せたい）の人が生活保護を受けようとする場合にも、世帯の収入が最低生活費以下で、資産の活用、能力の活用、**その他あらゆるものの活用の要件（ようけん）**を満たす必要があります。障害者がいる世帯の場合、本人あるいは親などに他法令により**各種の援助や手当が支給**される場合があります。これは生活保護上は収入となりますので、世帯全員の収入と併せた金額が最低生活費以下でなければなりません。

●障害者と生活保護

障害者がいる家庭（同居）の場合に、生活保護を受けるには、生活保護は最後の手段であることから、他の社会保障や福祉制度を利用する必要があります。障害者に関する社会保険としては、年金（障害年金・障害厚生年金など）があり、福祉制度としては、特別児童扶養手当（とくべつじどうふようてあて）、障害児福祉手当（しょうがいじどうふくしてあて）、児童扶養手当（障害者関係分）、特別障害者手当（とくべつしょうがいしゃてあて）があります。

※1　**特別児童扶養手当**…20歳未満で精神または身体に一定の障害を有する児童を看護する父親または母親、または父母にかわってその児童を養育している人（養育者）に支給（所得制限あり）。
　　・障害等級1級：月額5万2200円
　　・障害等級2級：月額3万4770円

2　**障害児福祉手当**…20歳未満の在宅障害児に対してその重度の障害ゆえに生じる特別の負担の一助として手当の支給（所得制限あり）。
　　・手当額：月額1万7900円

3　**児童扶養手当（母子・父子家庭）**…父が重度の障害者である場合、18歳に到達する年度末までの児童を養育している母または養育者に支給（所得制限あり。所得に応じて全部支給・一部支給）。
　　・支給額：1人目⇒月額4万2910円（全部支給）・2人目⇒月額1万140円加算　　　　　3人目以降⇒1人につき月額6080円加算（全部支給）

4　**特別障害者手当**…20歳以上の在宅障害者でより重度の障害のために日常生活において常時、特別の介護を必要とする人に対して支給（所得制限あり）。
　　・支給額：月額2万7200円

※どのような手当などが給付されているか確認してください。他の制度による手当等の支給で不明なことがあれば、福祉事務所等で相談するとよいでしょう。

●障害者と生活保護による支給額

最低生活費（生活扶助＋医療扶助など〈74ページ参照〉）－同居の人の合計収入（他法律による支給額含む）＝支給額

上記の計算によりマイナスとなる場合は生活保護を受けることはできません。

64

第2章

生活保護による扶助の種類と受給額

> ♣扶助の種類は8種類があり、①生活扶助、②教育扶助、③住宅扶助、④医療扶助、⑤介護扶助、⑥出産扶助、⑦生業扶助、⑧葬祭扶助があり、それぞれ扶助について基準額が定められています。この合計額が最低生活費で、世帯収入が合計額に満たないと保護が受けられます。

どんな場合にどんな保護

1　生活保護が受給できる世帯と受給できない世帯

　生活保護が受けられる場合は、世帯全員の収入が国（厚生労働大臣）が定めた「最低生活費」に足りない場合です。算式で示すと以下のとおりです。

①最低生活費－②世帯全体の収入＝③生活保護費（支給額）

　なお、保護が認められるためには、第1章で解説したとおり、一定の要件（①生活困窮者であること、②資産活用の要件、③能力活用の要件、④その他、活用できるものはすべて活用）をクリアしていることが必要です。

2　最低生活費の計算

最低生活費＝1生活扶助（費）＋2教育扶助（費）＋3住宅扶助（費）＋4医療扶助（費）＋
　　　　　　5介護扶助（費）＋6出産扶助（費）＋7生業扶助（費）＋8葬祭扶助（費）

　最低生活費は、生活していくにはいろんな費用がかかりますので、保護の種類（扶助）ごとに必要な費用（基準額）を出し、その合計が最低生活費となります（6〜8は臨時的費用）。①〜⑧のそれぞれの扶助（費）については、74ページ以下を参照してください。

　なお、特別な事情がある場合、被服費・家具什器費、移送費、入学準備金などが支給されます（詳しくは地区相談員〈ケースワーカーに相談のこと〉）。

3　世帯全員の収入の計算

　給与、年金、失業給付、児童扶養手当、離婚に伴う養育費、損害賠償額など、世帯全体の収入の合計です。収入の具体的な計算については68ページ以下で説明します。収入に変化があれば、福祉事務所に届出なければなりません。届出により、その都度、収入額が変わり、生活保護費も変化することになります。

4　支給額の計算

　生活保護の受給額は上記の生活保護の扶助の種類により、該当する種類ごとに算定することになります。①最低生活費、②世帯の収入および③支給額の計算は社会福祉事務所が行い、支給額は保護決定の書類と同時に通知されます。

があり、いくら受給できるか

♣具体的な受給額の計算は大変ですが、福祉事務所で計算して支給してくれる。

5 生活保護費の支給の方法

　生活保護費の支給は、原則として、現金で支給されます。ただし、医療扶助については医療機関へ直接支払、介護扶助にかかる費用は介護事業者に直接支払がなされます。また、保護費は生活保護の申請時にさかのぼって支給されます。雇用保険などのように、一定期間後ということではありません。

　なお、この他にも保護施設の利用（102ページ参照）があります。

【保護の種類および支給基準額】

1 生活扶助
・日常生活に必要な費用
　（食費・被服費・光熱費等）

〔支給の基準額〕
①食費等の個人的費用
②光熱水費等の世帯共通費用
　特定の世帯は加算（母子加算等）
　　　詳細⇒76ページ参照

2 教育扶助
・義務教育を受けるために
　必要な学用品等

〔支給の基準額〕
定められた基準額を支給
　　　詳細⇒86ページ参照

3 住宅扶助
・アパート等の家賃

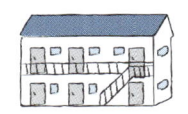

〔支給の基準額〕
定められた範囲内で実費
を支給
　　　詳細88⇒ページ参照

4 医療扶助
・医療サービスの費用

〔支給の基準額〕
費用は直接医療機関へ支払
（本人負担なし）
　　　詳細⇒90ページ参照

5 介護扶助
・介護サービスの費用

〔支給の基準額〕
費用は直接介護事業者へ支払
（本人負担なし）
　　　詳細⇒92ページ参照

6 出産扶助
・出産費用

〔支給の基準額〕
定められた範囲内で実費
を支給
　　　詳細⇒94ページ参照

7 生業扶助
・就労に必要な技能の
　習得等にかかる費用

〔支給の基準額〕
定められた範囲内で実費支給
　　　詳細⇒96ページ参照

8 葬祭扶助
・葬祭費用

〔支給の基準額〕
定められた範囲内で実費支給
　　　詳細⇒98ページ参照

1 世帯の収入の計算はどのようにするか

〈ポイント〉世帯の収入の種類には、勤労収入、事業収入、農業収入、その他の収入があり、一定額を控除して世帯の収入を算出します。

1　生活保護による扶助と支給額

　生活保護は、世帯の収入が最低生活費にに満たない部分についての援助（保護）です。保護費の受給額を算式で示すと、

受給額（保護費）＝最低生活費（次項以下参照）－世帯の収入

となります。

　世帯の収入額が最低生活費を上回る場合には、生活保護による支給はありません。まず、世帯の収入がどのくらいなのかを確認してください。ただし、現行の生活保護法においては、支給額は福祉事務所が計算して決めます。

2　世帯の収入額の計算

　収入は大別すると、①勤労収入、②農業収入、④事業（自営）収入、④その他の収入に区分することができます。

①　勤労（被用）収入

　過去３カ月の平均額。通勤手当、超過勤務手当など一切の手当も合計します。手取り額ではなく給与総額です。現物支給は金銭換算します。

　上記の金額から勤労控除をします（勤労控除額⇒71ページ参照）。勤労者が複数いる場合には、同じ計算をして、複数の勤労者の収入を合計します。

②　事業収入

　過去３カ月の平均額。ただし、①原材料費および仕入代、②機械器具の修理費な

どは（減価償却費除く）実費控除されます。また、①と同様に勤労控除があります。

③　農業収入

　　将来1カ年間の予想額（平均月額）で、次により計算した合計額

　　・主食…収穫量×販売価格

　　・野菜など…売却量×販売価格＋自給分

　　①肥料代、②種苗代などは実費控除できます。また、①と同様に勤労控除があります。

④　その他の収入

　　ア　恩給・年金などの収入…平均月割額

　　イ　仕送り、贈与等による収入…仕送り、贈与等による金銭で、社会通念上収入として認定することが適当でないものの他は、すべて収入として認定される。

　　ウ　財産収入…地代、小作料、家賃、間代、使用料等の収入は、その実際の収入額を認定。家屋の修繕等の費用については、必要とする経費について最小限度の額を認定。

　　エ　その他の収入…地方公共団体（またはその長）が年末等の時期に支給する金銭については世帯合算額が8000円（月額）を超える場合で、8000円を超える額が収入と認定される。

　　　　不動産または動産の処分による収入、保険金その他の臨時的収入については、その世帯合算額（交通費などの必要経費控除後）が8000円（月額）を超える場合で、8000円を超える額が収入と認定される。

◆収入として認定されるもの・されないもの

①収入の認定されるものの詳細⇒次ページ参照。

②収入として認定されないもの。

(1)臨時的な見舞金、仕送り等による収入

(2)地方公共団体またはその長、社会事業団体その他から恵与された慈善的性質を有する金銭

(3)施設からいわゆる個人的経費として支給される金銭

(4)その他、生活保護法の趣旨に照らして、収入として認定しないとされている収入等、社会通念上収入として認定されることが適当でないと判断される金銭。

収入認定額の計算の仕方

▷世帯収入は、（稼働収入－基礎控除－社会保険料

①収入の種類と計算額　　　　②実費控除

勤労収入	過去３カ月の平均額 ・超過勤務手当、通勤手当など一切のものを合計 ・手取り額ではなく給与総額で、現物支給は金額換算	─ （引く）		
事業収入	過去３カ月の平均額	─ （引く）	実費控除	① 原材料費および仕入代 ② 器械器具の修理費（減価償却費除く） 　 など	─ （引く）
農業収入	将来１カ月間の予想額（平均月額） 〔次により計算した合計額〕 ・主食＝収穫料×販売価格 ・野菜など＝ 　（売却料×販売価格）＋ 自給分	─ （引く）	実費控除	① 　肥料代 ② 　種苗代など	─ （引く）
その他の収入	恩給、年金などは平均月割額 ・他からの仕送り・贈与などで、社会通念上収入認定を適当としないものは、計上する必要はない。（67ページ参照）	─ （引く）	実費控除	① 受給資格の証明のために要した実費など ② 財産収入にあっては、家屋の修理費・地代など	

（注）　1．世帯全員について計算をし、合計額を出します。
　　　　2．出稼者の収入については、出稼者からの仕送額を収入として合計してください。
　　　　3．上記の計算式は標準的なもので、ケースによっては他の方法で計算する場合があります。
　　　　4．「収入とならないもの」については69ページを参照してください。

> ※最低生活費（認定額）－収入（認定額）＝受給額（保護費）
>   収入認定額は、世帯全員の収入から実費控除・勤労控除を行い、世帯収入の認定をする。

－経費）＋非稼働収入で計算します。

③勤労控除（基礎控除）の額 （月額）　④実費控除

収入金額別区分	1人目	2人目以降	収入金額別区分	1人目	2人目以降
円　　　円	円	円	119,000～122,999	25,600	21,760
0～ 15,000	収入全額	収入全額	123,000～126,999	26,000	22,100
15,001～ 15,199	収入全額	15,000	127,000～130,999	26,400	22,440
15,200～ 18,999	15,200	15,000	131,000～134,999	26,800	22,780
19,000～ 22,999	15,600	15,000	135,000～138,999	27,200	23,120
23,000～ 26,999	16,000	15,000	139,000～142,999	27,600	23,460
27,000～ 30,999	16,400	15,000	143,000～146,999	28,000	23,800
31,000～ 34,999	16,800	15,000	147,000～150,999	28,400	24,140
35,000～ 38,999	17,200	15,000	151,000～154,999	28,800	24,480
39,000～ 42,999	17,600	15,000	155,000～158,999	29,200	24,820
43,000～ 46,999	18,000	15,300	159,000～162,999	29,600	25,160
47,000～ 50,999	18,400	15,640	163,000～166,999	30,000	25,500
51,000～ 54,999	18,800	15,980	167,000～170,999	30,400	25,840
55,000～ 58,999	19,200	16,320	171,000～174,999	30,800	26,180
59,000～ 62,999	19,600	16,660	175,000～178,999	31,200	26,520
63,000～ 66,999	20,000	17,000	179,000～182,999	31,600	26,860
67,000～ 70,999	20,400	17,340	183,000～186,999	32,000	27,200
71,000～ 74,999	20,800	17,680	187,000～190,999	32,400	27,540
75,000～ 78,999	21,200	18,020	191,000～194,999	32,800	27,880
79,000～ 82,999	21,600	18,360	195,000～198,999	33,200	28,220
83,000～ 86,999	22,000	18,700	199,000～202,999	33,600	28,560
87,000～ 90,999	22,400	19,040	203,000～206,999	34,000	28,900
91,000～ 94,999	22,800	19,380	207,000～210,999	34,400	29,240
95,000～ 98,999	23,200	19,720	211,000～214,999	34,800	29,580
99,000～102,999	23,600	20,060	215,000～218,999	35,200	29,920
103,000～106,999	24,000	20,400	219,000～222,999	35,600	30,260
107,000～110,999	24,400	20,740	223,000～226,999	36,000	30,600
111,000～114,999	24,800	21,080	227,000～230,999	36,400	30,940
115,000～118,999	25,200	21,420	231,000～	（※）	（※）

－（引く） ② 通勤費など　① 社会保険料 ＝ 収入認定額

（備考）　収入金額が231,000円以上の場合は、収入金額が4,000円増加するごとに、1人目については400円、2人目以降については340円を控除額に加算する。

※この収入額の計算は、生活保護の申請者が行うわけではなく、福祉事務所の方で行い、認定してくれます。資料の提出は必要。

◆収入の認定 （厚生労働省「保護の実施要領」より）

1 勤労（被用）に伴う収入

① **常用収入** (ア) 官公署、会社、工場、商店等に常用で勤務している者の収入については、本人から申告させるほか、前３か月分及び当該月分の見込みの基本給、勤務地手当、家族手当、超過勤務手当、各種源泉控除等の内訳を明記した給与証明を徴すること。ただし、給与証明書を徴することを適当としない場合には、給与明細書等をもってこれに代えても差しつかえないこと。

(イ) 給与証明書の内容に不審のある場合又は証明額が同種の被用者の通常の収入額と考えられる額より相当程度低いと判断される場合には、直接事業主について具体的内容を調査確認すること。

(ウ) 社会保険の被保険者については、10月又は11月に社会保険官署、健康保険組合等につき標準報酬との照会を行なうこと。

(エ) 昇給及び賞与の時期については、給与先につきあらかじめ調査を行ない記録しておくこと。

(オ) 就職月、昇給月及び賞与の支給月には、本人から申告させるとともに、給与証明書を徴すること。

(カ) 賞与は、全額を支給月の収入として認定すること。ただし、これによることが適当でない場合は、当該賞与額からその月において適用する特別控除額を差し引いた額を、支給月から引続く６か月以内の期間にわたって分割して認定すること。

② **日雇収入** (ア) 日雇で就労する者の収入については、本人から申告させるほか、前３箇月分の就労日数に関して公共職業安定所の証明書を徴すること。この場合において、公共職業安定所から証明を徴することが困難な場合には、直接同所におもむいて聞取調査を行うこと。

(イ) 本人から申告された就労日数が当該地域の平均就労日数以上である場合は、申告された日数により収入総額を認定すること。

(ウ) 申告された就労日数が当該地域の平均就労日数未満である場合は、就労できない理由を確かめ、正当な理由がないときは、就労日数を平均就労日数まで増加するように文書で指示したうえ、その実際の就労日数による収入総額を認定すること。

(エ) 本人の申告する賃金に不審のある場合は、直接事業主から証明書を徴するか又は事業主につき聞取調査を行ない、確認すること。

(オ) 夏季手当及び年末手当については((1)のアの(オ)及び(カ)によること。

③ **臨時又は不特定就労収入** (ア) 臨時又は不特定な就労による収入については、その地域における同様の就労状況にある者の収入の状況、その世帯の日常生活の状況等を調査したうえ、収入総額を認定すること。

(イ) 申告された就労日数又は賃金に不審のある場合は、雇主の全部又は一部について具体的内容を聞取調査し、確認すること。

④ **必要経費として控除すべき労働組合費の範囲** 次官通知第８の３の(1)のアにいう「労働組合費」は、当該労働組合の組合員の全員が、各月において徴収される組合費の実費をいうものであり、臨時に徴収されるものを含まないものであること。

2 農業収入

① 農作物の収穫量は、本人の申立て、市町村の調査又は意見及び品目別作付面積に町村別等級地別平均反収を乗じたものを勘案して決定するものとし、三者の数字に

著しく相違がある場合は、さらに農業協同組合、集荷組合、実行組合、農業改良普及員、民生委員等について調査のうえ、決定すること。

② 保護開始月における保有農作物は、収穫量と同様の取扱いを行なうこと。

③ 農業収入を得るための生産必要経費のうち、肥料代、種苗代及び薬剤費については、次に掲げる比率（農林水産省農産物生産費調査による。）に準拠して各福祉事務所ごとに比率を認定したうえ、これを④による収穫高に乗じて認定すること。

　　玄米（水稲）9％　　玄米（陸稲）26％　　小麦23％　　その他の農作物20％

④ 農業収入は、次の算式により認定すること。

　㋐ 主食（米、小麦、裸麦、大麦、そば等当該地域の食生活の実態によること。）

　　収穫高＝販売価格×収穫量　　　　収穫高－生産必要経費＝収入

　㋑ 野菜　販売価格×売却量＋自給量を金銭換算した額（別表「金銭換算表」（省略）の野菜の額に自給割合を乗じて得た額をいう。）－必要経費＝収入

⑤ 各福祉事務所ごとに管内の町村別、品目別、等級地別平均反収及び町村別、品目別農作物販売価格を調査し、調整又は補正しておくこと。

⑥ 余剰野菜について、その地域に需要がなくこれを売却することができないときは、今後の耕作において穀類等換金の途の広い農作物を作付するよう指導するとともに、その作の収穫に限り自家消費を認めても差しつかえないこと。

⑦ 農業収入は、収入があった時から将来に向い、原則として、12分の１ずつの額を認定すること。

3　農業以外の事業（自営）収入

① 農業以外の事業収入については、前３箇月分及び当該月の見込みにつき、本人から申告させるほか、物品販売業（店売り、行商又は露店）、製造業及び加工業については、会計簿、商品又は原材料の仕入先、製品の販売先等について、運搬業（小運送）、修理（自転車修理、いかけ業、桶屋）及びサービス業（理髪業、靴磨等）については、正確なものがある場合は会計簿について、建築造園業（大工、左官、植木職等）については、一定した仕事先がある場合はその仕事先について、それぞれの実際の収入の状況を書面又は聞取りにより調査し、さらに市町村等税務関係機関の調査又は意見をも参考とすること。

② 魚介による収入は、次の算式により認定すること。

　売却量×販売価格＋自給量を金銭に換算した額（別表「金銭換算表」の魚介の額に自給割合を乗じて得た額をいう。）－必要経費＝収入

③ 養殖漁業等で年間の一時期のみの収穫で収入を得ている場合は、収入があった時から将来に向かい、原則として12分の１ずつの額を認定すること。

4　恩給、年金等の収入

① 恩給法、厚生年金保険法、船員保険法、各種共済組合法、国民年金法、児童扶養手当法等による給付で、６箇月以内の期間ごとに支給される年金又は手当については、実際の受給額を原則として受給月から次回の受給月の前月までの各月に分割して収入認定すること。

② 老齢年金等で、介護保険法第135条の規定により介護保険料の特別徴収の対象となるものについては、特別徴収された後の実際の受給額を認定すること。

5　その他の収入　(1)から(4)までに該当する収入以外の収入はその全額を当該月の収入として認定すること。ただし、これによることが適当でない場合は、当該月から引き続き６箇月以内の期間にわたって分割認定するものとすること。

②生活保護の最低生活費は どのように計算するか

〈ポイント〉受給額は、①生活扶助、②教育扶助、③住宅扶助、④医療扶助、⑤介護扶助、⑥出産扶助、⑦生業扶助、⑧葬祭扶助の合計額から世帯収入を差し引く。

1　最低生活費と保護費の支給

　生活保護は、世帯の収入が最低生活費に満たない部分についての援助（保護）です。保護費の受給額を算式で示すと、**最低生活費－世帯の収入＝保護費**となります。

　世帯の最低生活費は、①生活扶助、②教育扶助、③住宅扶助、④医療扶助、⑤介護扶助、⑥出産扶助、⑦生業扶助、⑧葬祭扶助の合計額です。ほとんどの場合にあてはまるのは、①生活扶助、②住宅扶助などです。⑥～⑧は臨時的費用の扶助です。

　受給額（最低生活費）を計算する尺度となる保護基準は、厚生労働大臣が、要保護者の年齢、世帯構成、所在地等の事情を考慮して扶助別（上記8種類）に毎年度定めることになっています（具体的基準額については76ページ以下で解説）。

　この生活扶助基準の毎度の改定方式は、現在は水準均等方式が採用されており，これは簡単に言えば「国民の消費実態との均衡を維持・調整する」という方式（厚生労働省資料）」で、収入・消費支出動向などを検証して厚生労働大臣が定めます。

　なお、平成25年7月から平成27度の生活扶助基準の改定は、3年間に最大で10％を減額するという大幅なもので、今回も、平成3年10月から令和元年～2年10月の3回にに分けて、最大5％の減額が実施中です。

◆生活保護受給額の算式

受給額（保護費）＝ 最低生活費 －世帯の収入 （68ページ以下参照）

> ①生活扶助＋②教育扶助＋③住宅扶助＋④介護扶助＋
> ⑤医療扶助＋⑥出産扶助＋⑦生業扶助＋⑧葬祭扶助　｝ 合計額

計算式② 最低生活費の計算の仕方

１生活扶助基準⇒76ジ
①第１類費⇒（個人ごと）
　　　　　＋
②第２類費⇒（世帯）
　　　　　＋
③加算額⇒80ジ
④その他⇒81ジ

＋

２教育扶助基準⇒86ジ
・学用品費（月額）
　小学校　2600円
　中学校　5100円
・学習支援費
　（一般：年額）
　小学校　１万6000円以内
　中学校　５万9800円以内

＋

３住宅扶助基準⇒88ジ
・実際に支払っている
　家賃・地代の扶助
※実費。ただし、厚生労働
　大臣が定める上限額があ
　る。

＋

４医療扶助基準⇒90ジ
・診療等にかかった医
　療費の月額。
・直接生活保護実施機関か
　ら医療機関に支払われ
　る。

５介護扶助基準⇒92ジ
・介護保険で認められ
　る範囲で必要最低限
　の費用。
※居宅介護等にかかった介
　護費の月額。

＋

６出産扶助基準⇒94ジ
・出産をするための費
　用の扶助。
※分べん費が支給される。

＋

７生業扶助基準⇒96ジ
・生業…生業を営む
　ために必要な資金等
　の扶助
・技能取得費（高等学
　校就学費）
・就職支度金

＋

８葬祭扶助基準⇒98ジ
・火葬などの葬祭に必
　要な費用の扶助
※葬祭を行なうときの費用
　の支給。火葬費の加算。

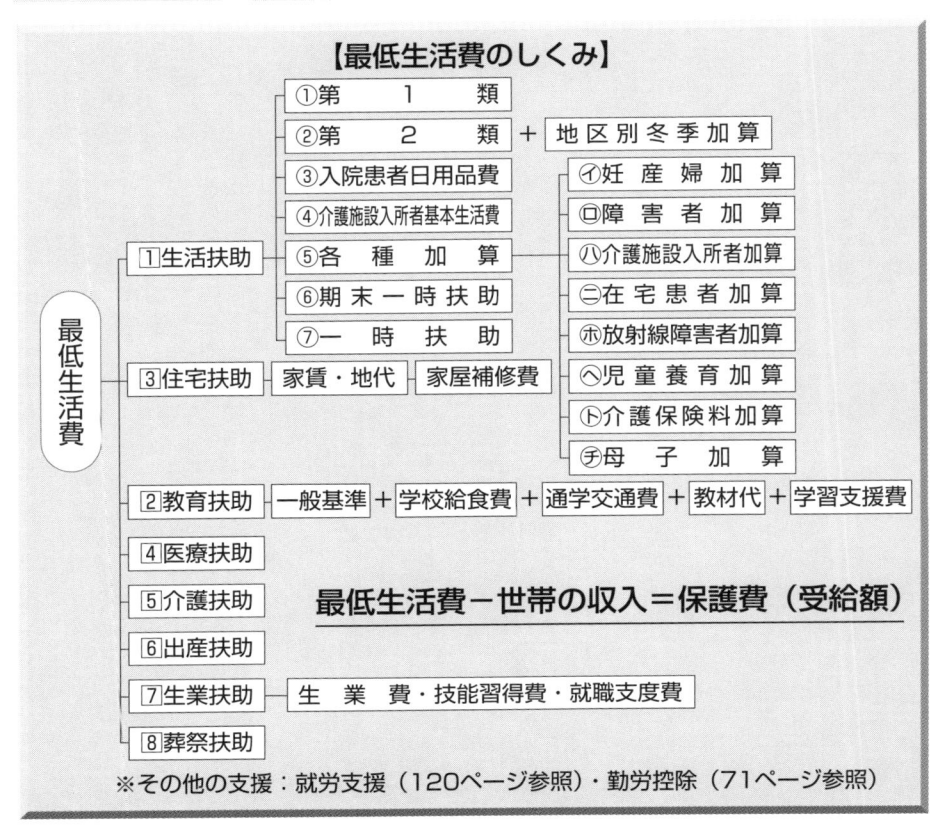

【最低生活費のしくみ】

最低生活費

１生活扶助
- ①第　　１　　類
- ②第　　２　　類　＋　地区別冬季加算
- ③入院患者日用品費
- ④介護施設入所者基本生活費
- ⑤各　種　加　算
  - ㋑妊　産　婦　加　算
  - ㋺障　害　者　加　算
  - ㋩介護施設入所者加算
  - ㋥在　宅　患　者　加　算
  - ㋭放射線障害者加算
  - ㋬児　童　養　育　加　算
  - ㋣介護保険料加算
  - ㋠母　子　加　算
- ⑥期　末　一　時　扶　助
- ⑦一　　時　　扶　　助

３住宅扶助　｜家賃・地代｜家屋補修費

２教育扶助　｜一般基準｜＋｜学校給食費｜＋｜通学交通費｜＋｜教材代｜＋｜学習支援費

４医療扶助

最低生活費－世帯の収入＝保護費（受給額）

５介護扶助

６出産扶助

７生業扶助　｜生　業　費・技能習得費・就職支度費｜

８葬祭扶助

※その他の支援：就労支援（120ページ参照）・勤労控除（71ページ参照）

■各種の扶助の計算

❶生活扶助の支給基準額

1　生活扶助(一般生活費)による支給

　生活扶助は、生活困窮者が衣食、その他日常生活の需要を満たすための扶助であり、飲食物費、光熱水費などが現金で支給されます（生活保護法12条）。

　生活扶助には、下表で示すとおりの扶助があり、①基準生活費第1類、②基準生活費第2類、③入院患者日用品、④介護施設入所者基本生活費、⑤各種加算、⑥期末一時扶助、⑦一時扶助あり、「生活保護法による保護の基準」で扶助額が定められています。

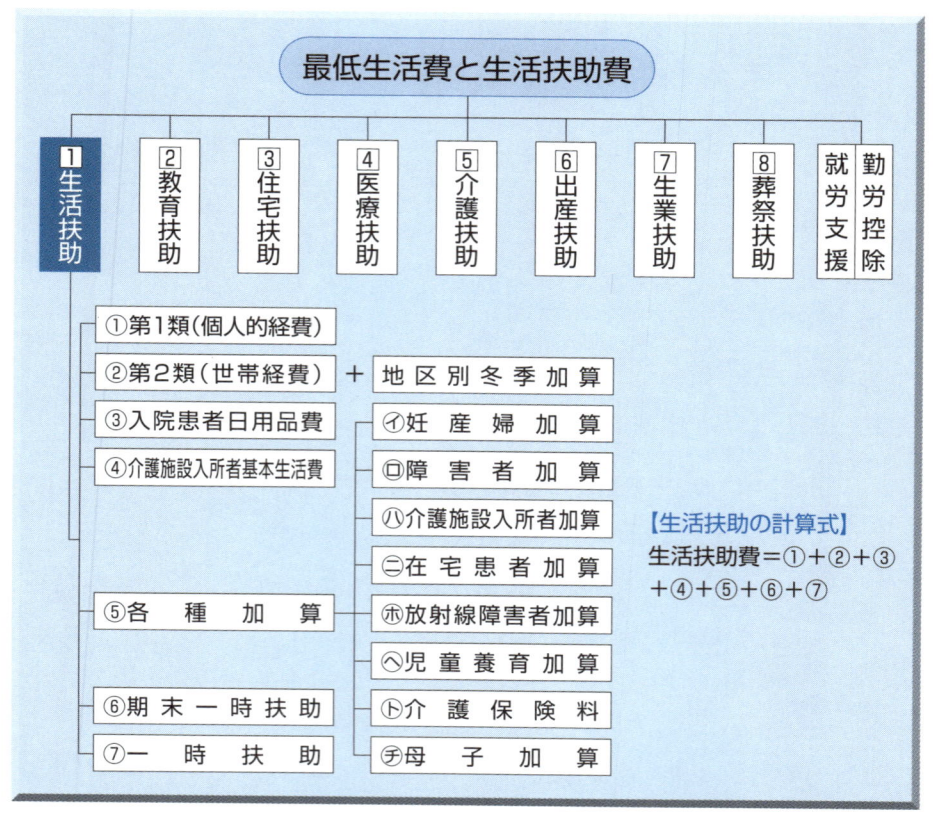

最低生活費と生活扶助費

|1生活扶助|2教育扶助|3住宅扶助|4医療扶助|5介護扶助|6出産扶助|7生業扶助|8葬祭扶助|就労支援|勤労控除|

①第1類（個人的経費）
②第2類（世帯経費）　＋　地区別冬季加算
③入院患者日用品費
④介護施設入所者基本生活費

⑤各種加算
　(イ)妊産婦加算
　(ロ)障害者加算
　(ハ)介護施設入所者加算
　(ニ)在宅患者加算
　(ホ)放射線障害者加算
　(ヘ)児童養育加算
　(ト)介護保険料
　(チ)母子加算

⑥期末一時扶助
⑦一時扶助

【生活扶助の計算式】
生活扶助費＝①＋②＋③＋④＋⑤＋⑥＋⑦

2　生活扶助の種類と内容

　生活扶助の各種類の内容は、以下の表のとおりです。各生活扶助の基準額については、次ページで解説します。

◆生活扶助の各種類の内容（生活保護法による保護の基準：別表第1等）　　※令和元年度

	生活扶助の種類	内　　容
経常的一般生活費	①基準生活費第1類	個人ごとの飲食や衣服・娯楽費等の一般生活費
	②基準生活費第2類	世帯として消費する光熱水費等で、地区別冬季加算がある
	入院患者日用品費	実費
	④介護施設入所者基本生活費	介護施設に入所する者についての算定 基本生活費は算定されない
	⑤各種加算	妊産婦加算・障害者加算など特別需要に対応するもの
	⑥期末一時扶助	12月の基準生活費の額には、期末一時扶助費が加えられる
臨時的一般生活費	⑦一時扶助（臨時的最低生活費）で、最低生活の基盤となる物資の持ち合わせがない場合	(1)出生、入学、入退院等による臨時的な特別需要 (2)日常生活の用を弁ずることのできない長期療養者について臨時的に生じた特別需要 (3)新たに保護開始する際等に最低生活の基盤となる物資を欠いている場合の特別需要 〔主なものの例〕 ※「ない」「使用にたえない」など、一定の要件あり。 ①寝具・被服費…⑦布団（新規購入1万9,500円以内）、⑩平常着・学童服（一人1万4,800円以内）、⑪出産準備被服（5万2,100円以内）、⑮入院時寝巻等（4,400円以内）、⑯紙おむつ等（2万800円以内） ②入学準備金…小学校6万4,300円以内、中学校8万1,000円以内、高校8万7,900円以内 ③家具什器…炊事用具・食器2万9,600円以内 ④配電給・排水設備等…12万2,000円以内

3　生活扶助の計算の仕方

　生活保護の地区分けと基準額生活保護の基準は、厚生労働大臣が地域の生活様式や物価等を考慮して定める級地区分表によって、市町村単位で6段階に分けられています（82ページ以下参照）。この級地区分表による生活保護基準の地域格差の平準化を（生活保護制度における）級地制度といいます。また、冬季加算の基準にのみ使用される5段階の区分が設けられています（79ページ参照）。

生活扶助費（最低生活費）は、①保護対象者の各個人的経費（第1類）、②世帯共通的経費（第2類）、③入院患者日用品費、④介護施設入所者基本生活費、⑤各種の

 A 一般生活費の認定基準額

生活扶助基準（第1類）…保護対象者の個人的経費

年齢	基準額①						基準額②					
	1級地-1	1級地-2	2級地-1	2級地-2	3級地-1	3級地-2	1級地-1	1級地-2	2級地-1	2級地-2	3級地-1	3級地-2
0〜2	21,820	20,830	19,850	18,860	17,890	16,910	27,040	25,880	24,440	23,870	22,810	21,860
3〜5	27,490	26,260	25,030	23,780	22,560	21,310	30,390	29,100	27,470	26,840	25,650	24,560
6〜11	35,550	33,950	32,350	30,750	29,160	27,550	34,880	33,380	31,530	30,790	29,420	28,180
12〜17	43,910	41,940	39,960	37,990	36,010	34,030	39,720	38,030	35,910	35,070	33,510	32,100
18〜19	43,910	41,940	39,960	37,990	36,010	34,030	39,720	38,030	35,910	35,070	33,510	32,100
20〜40	42,020	40,140	38,240	36,350	34,460	32,570	38,970	37,310	35,230	34,410	32,880	31,500
41〜59	39,840	38,050	36,250	34,470	32,680	30,880	39,920	38,200	36,070	35,230	33,680	32,260
60〜64	37,670	35,980	34,280	32,590	30,890	29,200	39,540	37,850	35,730	34,910	33,350	31,960
65〜69	37,670	35,980	34,280	32,590	30,890	29,200	39,540	37,850	35,730	34,910	33,350	31,960
70〜74	33,750	32,470	30,710	29,530	27,680	26,620	34,310	32,840	31,010	30,290	28,940	27,730
75〜	33,750	32,470	30,710	29,530	27,680	26,620	34,310	32,840	31,010	30,290	28,940	27,730

⬇（×…かける）　　　　　　　　　　　　⬇（×…かける）

人員	逓減率①						逓減率②					
	1級地-1	1級地-2	2級地-1	2級地-2	3級地-1	3級地-2	1級地-1	1級地-2	2級地-1	2級地-2	3級地-1	3級地-2
1人	1.0000	1.0000	1.0000	1.0000	1.0000	1.0000	1.0000	1.0000	1.0000	1.0000	1.0000	1.0000
2人	1.0000	1.0000	1.0000	1.0000	1.0000	1.0000	0.8850	0.8850	0.8850	0.8850	0.8850	0.8850
3人	1.0000	1.0000	1.0000	1.0000	1.0000	1.0000	0.8350	0.8350	0.8350	0.8350	0.8350	0.8350
4人	0.9500	0.9500	0.9500	0.9500	0.9500	0.9500	0.7675	0.7675	0.7675	0.7675	0.7675	0.7675
5人	0.9000	0.9000	0.9000	0.9000	0.9000	0.9000	0.7140	0.7140	0.7140	0.7140	0.7140	0.7140

⬇（＋…たす）　　　　　　　　　　　　⬇（＋…たす）

生活扶助基準（第2類）…世帯

人員	基準額①						基準額②					
	1級地-1	1級地-2	2級地-1	2級地-2	3級地-1	3級地-2	1級地-1	1級地-2	2級地-1	2級地-2	3級地-1	3級地-2
1人	45,320	43,280	41,240	39,210	37,160	35,130	41,380	39,600	37,400	36,540	34,910	33,440
2人	50,160	47,910	45,640	43,390	41,130	38,870	50,890	48,710	46,000	44,930	42,940	41,120
3人	55,610	53,110	50,600	48,110	45,600	43,100	60,000	57,430	54,230	52,970	50,620	48,480
4人	57,560	54,970	52,390	49,780	47,200	44,610	62,490	59,800	56,470	55,160	52,700	50,480
5人	58,010	55,430	52,800	50,210	47,570	44,990	66,610	63,760	60,210	58,810	56,200	53,840

※冬季には地区別冬季加算（次ページ右上表）が別途計上される。札幌市の例：4人世帯

⬇（＝…イコール）　　　　　　　　　　　⬇（＝…イコール）

生活扶助基準（第1類＋第2類）…①	生活扶助基準（第1類＋第2類）…②

※各居宅世帯員の第1類基準額を合計し、世帯人員に応じた逓減率を乗じ、世帯人員に応じた

⬇（＋…たす）

生活扶助本体に係る経過的加算（次ページ右下表）

⬇

生活扶助基準（第1類＋第2類）②の3分の1＋（生活扶助基準（第1類＋第2類）③＋生活扶

※「生活扶助基準（第1類＋第2類）②」が「生活扶助基準（第1類＋第2類）①×0.9」より少ない場合は、「生活扶助基準
※「生活扶助基準（第1類＋第2類）③」が「生活扶助基準（第1類＋第2類）①×0.855」より少ない場合は、「生活扶

※生活扶助基準は、平成25年から３年間（３回）にわたり最大で10％の減額、および今回の平成30年10月、令和元年10月、令和２年10月の３回にわたる最大５％の減額により、計算式は極めて複雑になっています。

加算、⑥期末一時扶助、⑦一時扶助の７つがあり、それぞれの認定基準が定められています。下表は、Ⓐ一般生活費（前記①②）の計算の仕方です。

左側の表

地については82ページ以下参照　※令和元年10月～

（単位：円／月額）

り合計

基準額③					
1級地-1	1級地-2	2級地-1	2級地-2	3級地-1	3級地-2
44,630	43,330	41,190	41,190	38,340	36,940
44,630	43,330	41,190	41,190	38,340	36,940
45,640	44,320	42,140	42,140	39,220	37,780
47,750	46,350	44,070	44,070	41,030	39,520
47,420	46,030	43,770	43,770	40,740	39,250
47,420	46,030	43,770	43,770	40,740	39,250
47,420	46,030	43,770	43,770	40,740	39,250
47,420	46,030	43,770	43,770	40,740	39,250
45,330	44,000	41,840	41,840	38,950	37,510
45,330	44,000	41,840	41,840	38,950	37,510
40,920	39,730	37,780	37,780	35,160	33,870

↓（×…かける）

逓減率③					
1級地-1	1級地-2	2級地-1	2級地-2	3級地-1	3級地-2
1.0000	1.0000	1.0000	1.0000	1.0000	1.0000
0.8548	0.8548	0.8548	0.8548	0.8548	0.8548
0.7151	0.7151	0.7151	0.7151	0.7151	0.7151
0.6010	0.6010	0.6010	0.6010	0.6010	0.6010
0.5683	0.5683	0.5683	0.5683	0.5683	0.5683

↓（＋…たす）

の共通的経費

基準額③					
1級地-1	1級地-2	2級地-1	2級地-2	3級地-1	3級地-2
28,890	27,690	27,690	27,690	27,690	27,690
42,420	40,660	40,660	40,660	40,660	40,660
47,060	45,110	45,110	45,110	45,110	45,110
49,080	47,040	47,040	47,040	47,040	47,040
49,110	47,070	47,070	47,070	47,070	47,070

の場合は月額22,270円（10月～翌４月）

↓（＝…イコール）

生活扶助基準（第１類＋第２類）…③

第２類基準額を加える。

↓（＋…たす）

生活扶助本体に係る経過的加算（右下表）

↓

助本体における経過的加算）の３分の２…【A】

準（第１類＋第２類）①×0.9」に読み替える。
助基準（第１類＋第２類）①×0.855」に読み替える。

右側の表

◆地区別冬季加算額（第２類の表で定める）　※級地に関係なく共通（単位：円）

区分	世帯人員別									10人以上1人を増すごとに加算
	1人	2人	3人	4人	5人	6人	7人	8人	9人	
Ⅰ区（10月から4月まで）	12,780	18,140	20,620	22,270	22,890	24,330	25,360	26,180	27,010	830
Ⅱ区（10月から4月まで）	9,030	12,820	14,570	15,740	16,170	17,180	17,920	18,500	19,080	580
Ⅲ区（11月から4月まで）	7,460	10,590	12,030	13,000	13,350	14,200	14,800	15,280	15,760	480
Ⅳ区（11月から4月まで）	6,790	9,630	10,950	11,820	12,150	12,930	13,470	13,900	14,340	440
Ⅴ区（11月から4月まで）	4,630	6,580	7,470	8,070	8,300	8,820	9,200	9,490	9,790	310
Ⅵ区（11月から4月まで）	2,630	3,730	4,240	4,580	4,710	5,010	5,220	5,380	5,560	180

Ⅰ区——北海道、青森県、秋田県　　　Ⅱ区——岩手県、山形県、新潟県
Ⅲ区——宮城県、福島県、富山県、長野県　　Ⅳ区——石川県、福島県
Ⅴ区——栃木県、群馬県、山梨県、岐阜県、鳥取県、島根県　　Ⅵ区——その他の都府県

◆期末一時扶助費（12月に月の基準額に加算して支払われる）　（単位：円）

級地別	世帯人員別									10人以上1人を増すごとに加算
	1人	2人	3人	4人	5人	6人	7人	8人	9人	
1級地-1	14,160	23,080	23,790	26,760	27,890	31,720	33,690	35,680	37,370	1,710
1級地-2	13,520	22,030	22,720	25,550	26,630	30,280	32,170	34,060	35,690	1,620
2級地-1	12,880	21,000	21,640	24,340	25,370	28,850	30,660	34,000	33,990	1,540
2級地-2	12,250	19,970	20,580	23,160	24,130	27,440	29,160	30,860	32,340	1,480
3級地-1	11,610	18,920	19,510	21,940	22,870	26,010	27,630	29,260	30,650	1,390
3級地-2	10,970	17,880	18,430	20,730	21,620	24,570	26,100	27,640	28,950	1,320

◆生活扶助本体に係る経過的加算　（例：単身者）

年　数	単身世帯					
	1級地-1	1級地-2	2級地-1	2級地-2	3級地-1	3級地-2
0～2	0	0	0	0	0	0
3～5	0	0	0	0	0	0
6～11	0	0	0	0	0	0
12～17	410	0	0	0	0	0
18～19	740	110	0	0	0	0
20～40	110	0	0	0	0	0
41～59	930	210	0	0	0	0
60～64	570	0	0	0	0	0
65～69	2,660	1,900	0	0	0	0
70～74	0	0	0	0	0	0
75～	2,090	1,400	0	0	0	0

①単身世帯以外にも2人世帯、3人世帯…の費用加算があります。
②世帯構成に合わせて、世帯員の該当する年齢別・級地別の加算額を加える。
③世帯構成には、入院患者、施設入所者は世帯人員数に含めず、加算もしない。

◎生活扶助は、Ⓐ（一般生活費）＋Ⓑ（各種の加算額＋Ⓒ（その他の生活扶助）の合計額です。生活扶助の他にも、教育扶助、住宅扶助、医療扶助などがあります（86ページ以下参照）。

B　生活扶助の各種の加算額

（単位：円）

①妊婦加算額（月額）

級地別	妊　婦		産婦
	妊娠6か月未満	妊娠6か月以上	
1級地及び2級地	9,130円	13,790円	8,480円
3級地	7,760円	11,720円	7,210円

②障害者加算額（月額）

		障害程度1・2級に該当	障害程度3級に該当
在宅者	1級地	26,810円	17,870円
	2級地	24,940円	16,620円
	3級地	23,060円	15,380円
入院患者・社会福祉施設・介護施設の入所者		22,310円	14,870円

●重度障害者加算
（別表第1第2章の2の(3)）に該当

級　地　別	加　算　額
1・2・3級地	14,790円

●重度障害者家族介護料
（別表第1第2章の2の(4)）に該当

級　地　別	加　算　額
1・2・3級地	12,410円

●介護人を付けるための費用
（別表第1第2章の2の(5)）に該当

級　地　別	加　算　額
1・2・3級地	基準 70,300円（特別基準 105,460円）以内

③介護施設入所者加算額（月額）

介護施設入所者加算額（障害者・母子加算がない場合）	9,880円の範囲内の額

④在宅患者加算（在宅患者の栄養補給等）（月額）

級地別	加算額
1級地及び2級地	13,270円
3級地	11,280円

⑤放射線障害者加算（月額）

⑦原始爆弾被爆者の都道府県知事の認定があり、認定に係る負傷又は疾病の状態にあるものなど	43,630円
①原始爆弾被爆者の都道府県知事の認定があり上記アに該当しないものなど	21,820円

⑥児童養育加算額（月額）

※児童とは、18歳になる日以後の最初の3月31日までの者。

児童の養育に当たる者	第1子および第2子	3歳に満たない児童	11,820円
		3歳以上の児童（高校生まで）	10,190円
※施設入所児童に該当する者の項目は省略	第3子以降	小学校修了前の児童	11,820円
		小学校修了後中学校終了前の児童	10,190円

⑦介護保険料加算額（月額）

※別途、経過的加算がある。

納付すべき保険料	実費

⑧母子加算額（月額）

※児童とは、18歳になる日以後の最初の３月31日までの者。

		児童１人	児童が２人の場合に加える額	児童が３人以上１人を増すごとに加える額
在宅者	１級地	20,300円	3,900円	2,300円
	２級地	18,800円	3,600円	2,200円
	３級地	17,500円	3,300円	2,000円
入院患者又は社会福祉施設若しくは介護施設の入所者		19,350円	1,560円	770円

※別途、経過的加算がある。

C　その他の生活扶助の基準額

(1)　救護施設・更生施設等入所保護基準（102ページ参照）

①基準額

級　地　別	救護施設及びこれに準ずる施設	更生施設及びこれに準ずる施設
１級地	64,140円	67,950円
２級地	60,940円	64,550円
３級地	57,730円	61,150円

②地区別冬季加算額

Ⅰ区（10月から４月まで）	Ⅱ区（10月から４月まで）	Ⅲ区（11月から４月まで）	Ⅳ区（11月から４月まで）	Ⅴ区（11月から３月まで）	Ⅵ区（11月から３月まで）
5,900円	4,480円	4,260円	3,760円	2,910円	2,050円

③期末一時扶助費

級地別基準表		
１級地　5,070円	２級地　4,610円	３級地　4,150円

(2)　入院患者基本生活費

①基準額

級　地　別	基準額
１・２・３級地	23,110円以内

②地区別冬季加算額（11月から３月まで）

地区別	Ⅰ区及びⅡ区	Ⅲ区及びⅣ区	Ⅴ区及びⅥ区
１・２・３級地	3,600円	2,110円	1,000円

(3)　介護施設入所者基本生活費

①基準額

級　地　別	基準額
１・２・３級地	9,880円以内

②地区別冬季加算額（11月から３月まで）

地区別	Ⅰ区及びⅡ区	Ⅲ区及びⅣ区	Ⅴ区及びⅥ区
１・２・３級地	3,600円	2,110円	1,000円

(4)　一時扶助費（臨時的なもの）（その他の一時援助　77ページ表中参照）

①入学準備金

級地別	小学校等	中学校等	高等学校等
１・２・３級地	64,300円以内	81,000円以内	87,900円以内

※高等学校の入学準備金については生業扶助（97ページ参照）

◆市町村の級地一覧表

【1級地－1】

埼玉県
さいたま市／川口市

東京都
区の存する地域／八王子市／立川市／武蔵野市／三鷹市／府中市／昭島市／調布市／町田市／小金井市／小平市／日野市／東村山市／国分寺市／国立市／福生市／狛江市／東大和市／清瀬市／東久留米市／多摩市／稲城市／西東京市

神奈川県
横浜市／川崎市／鎌倉市／藤沢市／逗子市／大和市／三浦郡葉山町

愛知県
名古屋市

京都府
京都市

大阪府
大阪市／堺市／豊中市／池田市／吹田市／高槻市／守口市／枚方市／茨木市／八尾市／寝屋川市／松原市／大東市／箕面市／門真市／摂津市／東大阪市

兵庫県
神戸市／尼崎市／西宮市／芦屋市／伊丹市／宝塚市／川西市

【1級地－2】

北海道
札幌市／江別市

宮城県
仙台市

埼玉県
所沢市／蕨市／戸田市／朝霞市／和光市／新座市

千葉県
千葉市／市川市／船橋市／松戸市／習志野市／浦安市

東京都
青梅市／武蔵村山市

神奈川県
横須賀市／平塚市／小田原市／茅ヶ崎市／相模原市／三浦市／秦野市／厚木市／座間市

滋賀県
大津市

京都府
宇治市／向日市／長岡京市

大阪府
岸和田市／泉大津市／貝塚市／和泉市／高石市／藤井寺市／泉南市／四條畷市／交野市／泉北郡忠岡町

兵庫県
姫路市／明石市

岡山県
岡山市／倉敷市

広島県
広島市／呉市／福山市／安芸郡府中町

福岡県
北九州市／福岡市

【2級地－1】

北海道
函館市／小樽市／旭川市／室蘭市／釧路市／帯広市／苫小牧市／千歳市／恵庭市／北広島市

青森県
青森市

岩手県
盛岡市

秋田県
秋田市

山形県
山形市

福島県
福島市

茨城県
水戸市

栃木県
宇都宮市

群馬県
前橋市／高崎市／桐生市

埼玉県
川越市／熊谷市／春日部市／狭山市／上尾市／草加市／越谷市／入間市／桶川市／八潮市／志木市／富士見市／三郷市／ふじみ野市／入間郡三芳町

千葉県
野田市／佐倉市／柏市／市原市／流山市／八千代市／我孫子市／鎌ケ谷市／四街道市

東京都
羽村市／あきる野市／西多摩郡瑞穂町

神奈川県
伊勢原市／海老名市／南足柄市／綾瀬市／高座郡寒川町／中郡大磯町／中郡二宮町／足柄上郡中井町／足柄上郡大井町／足柄上郡松田町／足柄上郡山北町／足柄上郡開成町／足柄下郡箱根町／足柄下郡真鶴町／足柄下郡湯河原町

新潟県
新潟市

富山県
富山市／高岡市

石川県
金沢市

福井県
福井市

山梨県
甲府市

長野県
長野市／松本市

岐阜県
岐阜市

静岡県
静岡市／浜松市／沼津市／熱海市／伊東市

愛知県
豊橋市／岡崎市

一宮市
春日井市
刈谷市
豊田市
知立市
尾張旭市
日進市

三重県
津市
四日市市

滋賀県
草津市

京都府
城陽市
八幡市

京田辺市
乙訓郡
大山崎町
久世郡
久御山町

大阪府
泉佐野市
富田林市
河内長野市
柏原市
羽曳野市
泉南市
大阪狭山市
三島郡
島本町
泉南郡
熊取町

田尻町

奈良県
奈良市
生駒市

和歌山県
和歌山市

鳥取県
鳥取市

島根県
松江市

山口県
下関市

徳島県
徳島市

香川県
高松市

愛媛県
松山市

高知県
高知市

福岡県
久留米市

佐賀県
佐賀市

長崎県
長崎市

熊本県
熊本市

大分県
大分市
別府市

宮崎県
宮崎市

鹿児島県
鹿児島市

沖縄県
那覇市

【２級地－２】

北海道
夕張市
岩見沢市
登別市

宮城県
塩竈市
名取市
多賀城市

茨城県
日立市
土浦市
古河市

栃木県
足利市

新潟県
長岡市

石川県
小松市

長野県
上田市
岡谷市
諏訪市

岐阜県
大垣市
多治見市
瑞浪市
土岐市
各務原市

静岡県
三島市
富士市

愛知県
瀬戸市
豊川市
安城市
東海市
大府市
岩倉市
豊明市

清須市
北名古屋市

三重県
松阪市
桑名市

兵庫県
加古川市
高砂市
加古郡
播磨町

奈良県
橿原市

岡山県
玉野市

広島県
三原市
尾道市
府中市
大竹市

廿日市市
安芸郡
海田町
坂町

山口県
宇部市
防府市
岩国市
周南市

福岡県
大牟田市
直方市
飯塚市
田川市
行橋市
中間市
筑紫野市
春日市
大野城市
太宰府市
古賀市

福津市
那珂川町
糟屋郡
宇美町
篠栗町
志免町
須恵町
新宮町
久山町
粕屋町
遠賀郡
芦屋町
水巻町
岡垣町
遠賀町
京都郡
苅田町

長崎県
佐世保市
西海市

熊本県
荒尾市

【３級地－１】

北海道
北見市
網走市
留萌市
稚内市
美唄市
芦別市
赤平市
紋別市
士別市
名寄市
三笠市
根室市
滝川市
砂川市
歌志内市
深川市
富良野市
伊達市

石狩市
北斗市
亀田郡
七飯町
山越郡
長万部町
檜山郡
江差町
虻田郡
京極町
倶知安町
岩内郡
岩内町
余市郡
余市町
空知郡
奈井江町
上砂川町
南富良野町

上川郡
鷹栖町
東神楽町
上川町
東川町
新得町
勇払郡
占冠村
中川郡
音威子府村
天塩郡
天塩町
幌延町
宗谷郡
猿払村
枝幸郡

浜頓別町
枝幸町
網走郡
美幌町
斜里郡
斜里町
清里町
小清水町
遠軽町
紋別郡
滝上町
興部町
西興部村
雄武町
沙流郡
日高町
浦河郡
浦河町

河東郡
芽室町
中札内村
上士幌町
足寄郡
陸別町
釧路郡
釧路町
川上郡
弟子屈町
標茶町
標津郡
中標津町
標津町
目梨郡
羅臼町
日高郡
新ひだか町

青森県
弘前市

青森県（前頁よりつづき）
八戸市　黒石市　五所川原市　十和田市　三沢市　むつ市　つがる市

岩手県
盛岡市　宮古市　大船渡市　花巻市　北上市　久慈市　遠野市　一関市　陸前高田市　釜石市　二戸市　奥州市　滝沢市

宮城県
仙台市　石巻市　塩竈市　気仙沼市　白石市　名取市　角田市　多賀城市　岩沼市　登米市　栗原市　東松島市　大崎市　富谷市
郡・町：大河原　柴田　宮城　七ヶ浜　利府

秋田県
秋田市　能代市　横手市　大館市　男鹿市　湯沢市　鹿角市　由利本荘市　大仙市　仙北市　潟上市

山形県
山形市　米沢市　鶴岡市　酒田市　新庄市　寒河江市　上山市　村山市　長井市　天童市　東根市　尾花沢市　南陽市

福島県
福島市　会津若松市　郡山市　いわき市　白河市　須賀川市　喜多方市　相馬市　二本松市　南相馬市

茨城県
水戸市　日立市　土浦市　古河市　石岡市　結城市　龍ケ崎市　下妻市　常総市　常陸太田市　高萩市　北茨城市　笠間市　取手市　牛久市　つくば市　ひたちなか市　鹿嶋市　潮来市　守谷市　常陸大宮市　那珂市　筑西市　坂東市　稲敷市　かすみがうら市　桜川市　神栖市　行方市　鉾田市　つくばみらい市　小美玉市
郡・町・村：東海　大洗　城里　茨城　大子　美浦　阿見　河内　八千代　五霞　境　利根　北相馬

栃木県
宇都宮市　足利市　栃木市　佐野市　鹿沼市　日光市　小山市　真岡市　大田原市　矢板市　那須塩原市　さくら市　那須烏山市　下野市
郡・町：上三川　益子　茂木　市貝　芳賀　壬生　野木　塩谷　高根沢　那須　那珂川　上都賀　下都賀　三川

群馬県
前橋市　高崎市　桐生市　伊勢崎市　太田市　沼田市　館林市　渋川市　藤岡市　富岡市　安中市　みどり市
郡・町・村：榛東　吉岡　上野　神流　下仁田　南牧　甘楽　中之条　長野原　嬬恋　草津　東吾妻　片品　川場　昭和　みなかみ　玉村　板倉　明和　千代田　大泉　邑楽

埼玉県
さいたま市　川越市　熊谷市　川口市　行田市　秩父市　所沢市　飯能市　加須市　本庄市　東松山市　春日部市　狭山市　羽生市　鴻巣市　深谷市　上尾市　草加市　越谷市　蕨市　戸田市　入間市　朝霞市　志木市　和光市　新座市　桶川市　久喜市　北本市　八潮市　富士見市　三郷市　蓮田市　坂戸市　幸手市　鶴ヶ島市　日高市　吉川市　ふじみ野市　白岡市
郡・町・村：伊奈　三芳　毛呂山　越生　滑川　嵐山　小川　川島　吉見　鳩山　ときがわ　横瀬　皆野　長瀞　小鹿野　東秩父　美里　神川　上里　寄居　宮代　杉戸　松伏　比企　南埼玉　北葛飾

千葉県
千葉市　銚子市　市川市　船橋市　館山市　木更津市　松戸市　野田市　茂原市　成田市　佐倉市　東金市　旭市　習志野市　柏市　勝浦市　市原市　流山市　八千代市　我孫子市　鴨川市　鎌ケ谷市　君津市　富津市　浦安市　四街道市　袖ケ浦市　八街市　印西市　白井市　富里市　南房総市　匝瑳市　香取市　山武市　いすみ市　大網白里市
郡・町・村：酒々井　栄　神崎　多古　東庄　九十九里　芝山　横芝光　一宮　睦沢　長生　白子　長柄　長南　大多喜　御宿　鋸南

東京都
特別区（二十三区）　八王子市　立川市　武蔵野市　三鷹市　青梅市　府中市　昭島市　調布市　町田市　小金井市　小平市　日野市　東村山市　国分寺市　国立市　福生市　狛江市　東大和市　清瀬市　東久留米市　武蔵村山市　多摩市　稲城市　羽村市　あきる野市　西東京市
郡・町・村：瑞穂　日の出　檜原　奥多摩　大島　利島　新島　神津島　三宅　御蔵島　八丈　青ヶ島　小笠原

神奈川県
横浜市　川崎市　相模原市　横須賀市　平塚市　鎌倉市　藤沢市　小田原市　茅ヶ崎市　逗子市　三浦市　秦野市　厚木市　大和市　伊勢原市　海老名市　座間市　南足柄市　綾瀬市
郡・町・村：葉山　寒川　大磯　二宮　中井　大井　松田　山北　開成　箱根　真鶴　湯河原　愛川　清川　足柄上　足柄下　三浦　高座　中　愛甲

新潟県
新潟市　長岡市　三条市　柏崎市　新発田市　小千谷市　加茂市　十日町市　見附市　村上市　燕市　糸魚川市　妙高市　五泉市　上越市　阿賀野市　佐渡市　魚沼市　南魚沼市　胎内市
郡・町・村：聖籠　弥彦　田上　阿賀　出雲崎　湯沢　津南　刈羽　関川　粟島浦

富山県
富山市　高岡市　魚津市　氷見市　滑川市　黒部市　砺波市　小矢部市　南砺市　射水市
郡・町・村：舟橋　上市　立山　入善　朝日　下新川　中新川

石川県
金沢市　七尾市　小松市　輪島市　珠洲市　加賀市　羽咋市　かほく市　白山市　能美市　野々市市
郡・町：川北　津幡　内灘　志賀　宝達志水　中能登　穴水　能登　河北　羽咋　鹿島　鳳珠

福井県
福井市　敦賀市　小浜市　大野市　勝山市　鯖江市　あわら市　越前市　坂井市
郡・町：永平寺　池田　南越前　越前　美浜　高浜　おおい　若狭　吉田　今立　南条　丹生　三方　大飯

山梨県
甲府市　富士吉田市　都留市　山梨市　大月市　韮崎市　南アルプス市　北杜市　甲斐市　笛吹市　上野原市　甲州市　中央市
郡・町・村：市川三郷　早川　身延　南部　富士川　昭和　道志　西桂　忍野　山中湖　鳴沢　富士河口湖　小菅　丹波山　西八代　南巨摩　中巨摩　南都留　北都留

長野県
長野市　松本市　上田市　岡谷市　飯田市　諏訪市　須坂市　小諸市　伊那市　駒ヶ根市　中野市　大町市　飯山市　茅野市　塩尻市　佐久市　千曲市　東御市　安曇野市
郡・町・村：小海　川上　南牧　南相木　北相木　佐久穂　軽井沢　立科　御代田　青木　長和　下諏訪　富士見　原　辰野　箕輪　飯島　南箕輪　中川　宮田　松川　高森　阿南　阿智　平谷　根羽　下條　売木　天龍　泰阜　喬木　豊丘　大鹿　上松　南木曽　木祖　王滝　大桑　木曽　麻績　生坂　山形　朝日　筑北　池田　松川　白馬　小谷　坂城　小布施　高山　山ノ内　木島平　野沢温泉　信濃　小川　飯綱　栄

岐阜県
岐阜市　大垣市　高山市　多治見市　関市　中津川市　美濃市　瑞浪市　羽島市　恵那市　美濃加茂市　土岐市　各務原市　可児市　山県市　瑞穂市　飛騨市　本巣市　郡上市　下呂市　海津市
郡・町・村：岐南　笠松　養老　垂井　関ケ原　神戸　輪之内　安八　揖斐川　大野　池田　北方　坂祝　富加　川辺　七宗　八百津　白川　東白川　御嵩　白川

静岡県
静岡市　浜松市　沼津市　熱海市　三島市　富士宮市　伊東市　島田市　富士市　磐田市　焼津市　掛川市　藤枝市　御殿場市　袋井市　下田市　裾野市　湖西市　伊豆市　御前崎市　菊川市　伊豆の国市　牧之原市

静岡県（承前）
御殿場市、袋井市、下田市、裾野市、湖西市、伊豆市、伊豆の国市、函南町、清水町、長泉町、小山町、東伊豆町、河津町、南伊豆町、西伊豆町

愛知県
半田市、碧南市、西尾市、蒲郡市、犬山市、常滑市、江南市、小牧市、稲沢市、新城市、知多市、高浜市、田原市、愛西市、弥富市、みよし市、あま市、長久手市、東郷町、豊山町、大口町、扶桑町、大治町、蟹江町、飛島村、阿久比町、東浦町、南知多町、美浜町、武豊町、幸田町、設楽町、東栄町、豊根村

三重県
伊勢市、鈴鹿市、名張市、尾鷲市、亀山市、鳥羽市、熊野市、桑名市、いなべ市、志摩市、伊賀市、員弁郡東員町、三重郡菰野町・朝日町・川越町

滋賀県
彦根市、長浜市、近江八幡市、守山市、栗東市、甲賀市、野洲市、湖南市、東近江市

京都府
福知山市、舞鶴市、綾部市、宮津市、亀岡市、城陽市、向日市、長岡京市、八幡市、京田辺市、京丹後市、南丹市、木津川市、宇治田原町、精華町

大阪府
阪南市、豊能町、能勢町、泉南郡、岬町、太子町、河南町、千早赤阪村

兵庫県
洲本市、相生市、豊岡市、赤穂市、西脇市、三木市、高砂市、小野市、三田市、加西市、篠山市、加東市、たつの市

奈良県
大和高田市、大和郡山市、天理市、桜井市、五條市、御所市、香芝市、葛城市、宇陀市、平群町、三郷町、斑鳩町、安堵町、川西町、三宅町、田原本町、高取町、明日香村、上牧町、王寺町、広陵町、河合町、吉野町、大淀町、下市町

和歌山県
海南市、橋本市、有田市、御坊市、田辺市、新宮市、岩出市、紀の川市、紀美野町、湯浅町、広川町、有田川町、美浜町、日高町、由良町、印南町、みなべ町、日高川町、白浜町、上富田町、すさみ町、那智勝浦町、太地町、串本町

鳥取県
米子市、倉吉市、境港市

島根県
浜田市、出雲市、益田市、大田市、安来市、江津市、雲南市、隠岐の島町

岡山県
津山市、笠岡市、井原市、総社市、高梁市、新見市、備前市、瀬戸内市、赤磐市、真庭市、浅口市、和気町、早島町、里庄町、矢掛町

広島県
竹原市、三原市、府中市、三次市、庄原市、大竹市、東広島市、安芸高田市、江田島市、熊野町

山口県
萩市、下松市、光市、長門市、柳井市、美祢市、山陽小野田市、和木町、田布施町、平生町

徳島県
鳴門市、小松島市、阿南市

香川県
丸亀市、坂出市、善通寺市、観音寺市、綾川町、宇多津町、多度津町、まんのう町

愛媛県
今治市、新居浜市、西条市、四国中央市

福岡県
柳川市、八女市、筑後市、大川市、豊前市、小郡市、朝倉市、嘉麻市

佐賀県
佐賀市、唐津市、鳥栖市

長崎県
諫早市、大村市、西海市、長与町、時津町、東彼杵町、川棚町、波佐見町

大分県
中津市

宮崎県
都城市、延岡市

鹿児島県
鹿屋市、枕崎市、阿久根市、出水市、伊佐市、指宿市、西之表市、垂水市、薩摩川内市、日置市、いちき串木野市、霧島市、南さつま市、奄美市、姶良市

沖縄県
宜野湾市、石垣市、浦添市、名護市、糸満市、沖縄市、うるま市、宮古島市

【3級地−2】 上記に掲げた以外の市町村

■各種の扶助の計算

❷教育扶助の支給基準額

1　教育扶助による支給

　生活に困窮する家庭の児童が、義務教育を受けるのに必要な扶助（生活保護法13条）であり、教育費の需要の実態に応じ、原則として金銭をもって支給されます。

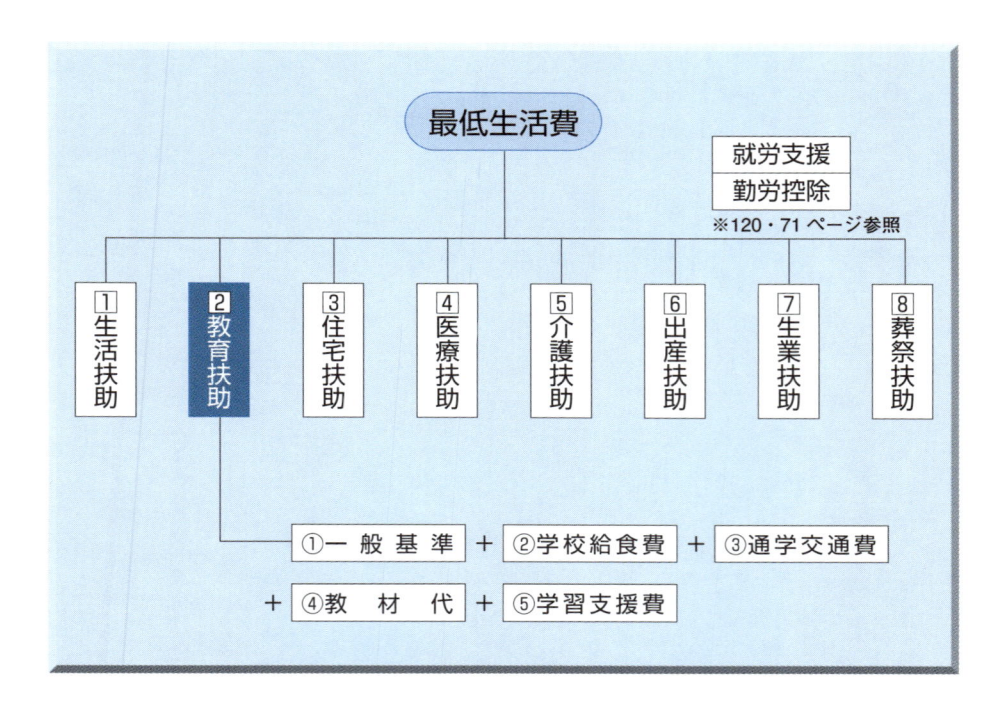

【生活保護受給額の算式】

受給額（保護費）＝最低生活費－世帯の収入（68ページ参照）

囗生活扶助＋②教育扶助＋③住宅扶助＋④医療扶助＋
⑤介護扶助＋⑥出産扶助＋⑦生業扶助＋⑧葬祭扶助　｝合計額

2　教育扶助の受給額のな計算の仕方

①　教育扶助基準の支給額

教育扶助は、義務教育を受けるために必要な学用品費の援助で、定められた基準額が支給されます。

◆教育扶助基準額（1・2・3級地）（生活保護法による保護の基準：別表第2等）　※令和元年10月～

区　　分	小学校	中学校
基準月額学用品費	2,600円	5,100円
学級費等	850円以内	770円以内
学習支援費 （特別基準）	年1万6,000円以内	年5万9,800円以内
	年2万800円以内	年7万7,740円以内
災害時等再支給	1万1,600円以内	2万2,700円以内
中学校進学時の辞書代		4,650円

※給食費、準教科書代、楽器、スキー等教材代⇒実費支給（スキー代については別途）　　　（例：札幌市）

◆教育扶助の特別認定 （一部）（厚生労働省「保護の実施要領」より）

①　学級費等

学校教育活動のために全ての児童又は生徒について学級費、児童会又は生徒会費及びPTA会費等（以下「学級費等」という。）として保護者が学校に納付する場合であって、保護の基準別表第2に規定する基準額によりがたいときは、学級費等について次の額の範囲内において特別基準の設定があったものとして必要な額を認定して差しつかえない。

②　教材代

正規の教材として学校長又は教育委員会が指定するものについて、教育費のうちの教科書代を計上する場合には、学校長又は教育委員会の指定証明を徴すること。なお、正規の教材の範囲は、学校において当該学級の全児童が購入することとなっている副読本的図書、ワークブック、和洋事典及び楽器であること。

③　通学のための交通費

児童又は生徒が身体的条件、地理的条件又は交通事情により交通費を伴う方法による以外には通学する方法が全くないか、又はそれによらなければ通学がきわめて困難である場合においては、その通学のため必要な最小限度の交通費の額を計上すること。

④　災害時等の学用品等の再支給

災害その他不可抗力により学用品を消失し、学用品を再度購入することが必要な場合には、次の額の範囲内において特別基準の設定があったものとして必要な額を認定して差し支えないこと。

❸住宅扶助の支給基準額

1 住宅扶助による支給

　住宅扶助とは、生活困窮者が、家賃、間代、地代等を支払う必要があるとき、およびその補修、その他住宅を維持する必要があるときに行われる扶助です（生活保護法14条）。原則として金銭をもって実費が支給されます（上限あり）。

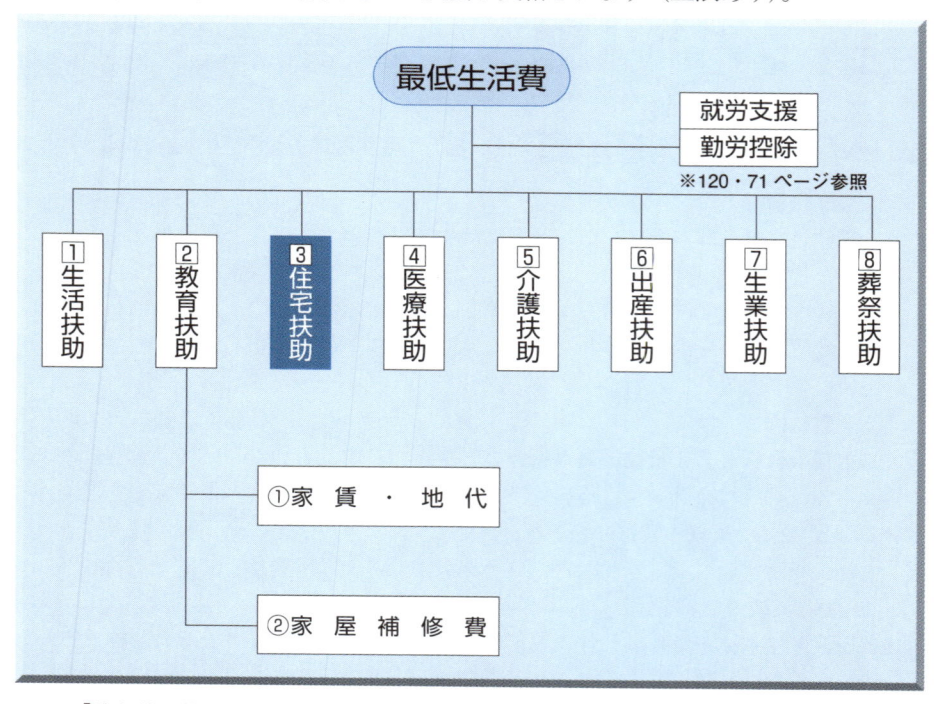

【生活保護受給額の算式】

受給額（保護費）＝ 最低生活費 － 世帯の収入（68ページ参照）

1生活扶助＋2教育扶助＋3住宅扶助＋4医療扶助＋5介護扶助＋6出産扶助＋7生業扶助＋8葬祭扶助 ⎫ 合計額

2 住宅扶助の受給額の計算の仕方

① 住宅扶助の基準額

住宅扶助の支給基準額は、以下のとおりです。

◆住宅扶助基準額（生活保護法による保護の基準：別表第3等） ※令和元年10月〜

級地別 ＼ 区分	家賃、間代、地代等の額（月額）	補修費等住宅維持費の額（年額）
1級地及び2級地	1万3,000円以内	12万円以内
3級地	8,000円以内	

当該費用が上表に定める額を超えるときは、都道府県又は指定都市・中核市ごとに、厚生労働大臣が別に定める額の範囲内の額となります（下記**札幌市**例参照）。

区 分（世帯人数）	月 額	特別基準
1 人	3万6,000円以内	4万6,000円以内
2 人	4万3,000円以内	5万円以内
3 人	4万6,000円以内	5万4,000円以内
4 人	4万6,000円以内	5万8,000円以内
5 人	4万6,000円以内	6万1,000円以内
6 人	5万円以内	6万1,000円以内
7人以上	5万6,000円以内	6万5,000円以内
床面積による基準額（1人世帯のみ）		
11〜15㎡	7〜10㎡	6㎡以下
3万2,000円以内	2万9,000円以内	2万5,000円以内
住宅維持費	12万2,000円以内	
	特別基準 18万3,000円以内	

◆住宅費　　　　　　（厚生労働省「保護の実施要領」より）

(1) 家賃、間代、地代等

ア 保護の基準別表第3の1の家賃、間代、地代等は居住する住居が借家若しくは借間であって家賃、間代等を必要とする場合又は居住する住居が自己の所有に属し、かつ住居の所在する土地に地代等を要する場合に認定すること。

イ 月の中途で保護開始、変更、停止又は廃止となった場合であって、日割計算による家賃、間代、地代等の額を超えて家賃、間代、地代等を必要とするときは、1か月分の家賃、間代、地代等の基準額の範囲内で必要な額を認定してよい。

ウ 被保護者が真に必要やむを得ない事情により月の中途で転居した場合であって日割計算による家賃、間代の額をこえて家賃、間代を必要とするときは、転居前及び転居後の住居にかかる家賃、間代につき、それぞれ1箇月分の家賃、間代の基準額の範囲内で必要な額を認定してさしつかえないこと。（以下略）

■各種の扶助の計算

❹医療扶助の支給基準額

1　医療扶助による支給

　生活困窮者（せいかつこんきゅうしゃ）が、けがや病気で医療を必要とするときに行われる扶助（ふじょ）（生活保護法15条）です。原則として現物支給（投薬、処置、手術、入院等の直接給付）により行われ、その治療内容は国民健康保険と同等とされています。なお、医療扶助は生活保護指定医療機関（せいかつほごしていいりょうきかん）に委託して行われますが、場合により指定外の医療機関でも給付が受けられます。予防接種（よぼうせっしゅ）などは対象となりません。

　経年、医療扶助費の年次推移では、生活保護費のうち医療扶助費の占める割合は平成7年では60%を占め、平成21年には45%にまで圧縮削減されましたが、平成30年中は約半分に達しています。

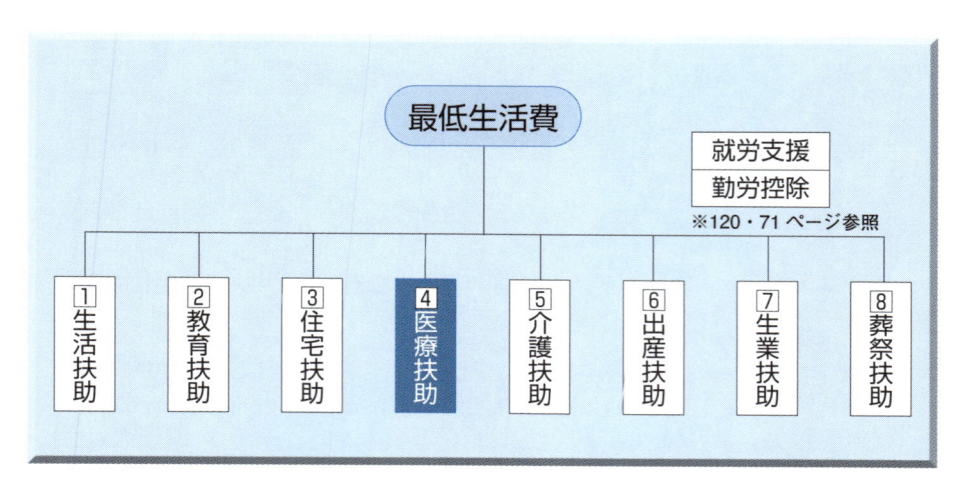

【生活保護受給額の算式】

受給額（保護費）＝最低生活費－世帯の収入（68ページ参照）

１生活扶助＋２教育扶助＋３住宅扶助＋４医療扶助＋
５介護扶助＋６出産扶助＋７生業扶助＋８葬祭扶助 ｝合計額

2　医療扶助の受給額の計算の仕方

医療扶助（いりょうふじょ）の支給基準額は、以下のとおりです。

◆医療扶助の基準額（生活保護法による保護の基準：別表第4）　　　　　※令和元年10月〜

区　分	基準額
1．指定医療機関等において診療を受ける場合の費用	生活保護法第52条の規定による診療方針及び診療報酬に基づきその者の診療に必要な最小限度の額
2．薬剤又は治療材料に係る費用 （1の費用に含まれる場合を除く）	2万5,000円以内の額
3．施術（せじゅつ）のための費用	都道府県知事又は指定都市若しくは中核市の長が施術者のそれぞれの組合と協定して定めた額以内の額
4．移送費	移送に必要な最小限度の額

※生活保護者が病気で治療を受けるときには、印鑑を持って福祉事務所に行き、診療依頼書をもらって治療を受けます。急病や夜間、休日の治療は、受診後すみやかに地区担当員（ケースワーカー）に連絡します。　なお、指定されていない病院で治療を受けることはできず、メガネなどの治療に要するものの購入は、事前に地区担当員に相談してください。

◆医療費　　　　　　　　　（厚生労働省「保護の実施要領」より）

　指定医療機関等において診療を受ける場合の医療費は、医療関係法令通達等に示すところにより診療に必要な最小限度の実費の額を計上すること。

　医師が後発医薬品（いわゆるジェネリック医薬品）の使用が可能であると判断した（一般名処方を含む）場合は、後発医薬品を原則として使用すること、としている。

　なお、平成25年の法改正により、指定医療機関制度の見直し、指定医療機関への指導体制を強化する規定が設けられた。

■各種の扶助の計算
❺介護扶助の支給基準額

1　介護扶助による支給

　要介護又は要支援と認定された生活困窮者に対して行われる給付（生活保護法
15条の2）です。原則として、生活保護法指定介護機関における現物支給により行
われます。介護保険とほぼ同等の給付が保障されていますが、現在普及しつつある
ユニット型特養、あるいは認知症対応型共同生活介護、特定施設入所者生活介護は
利用料（住宅扶助として支給）の面から制限があります。

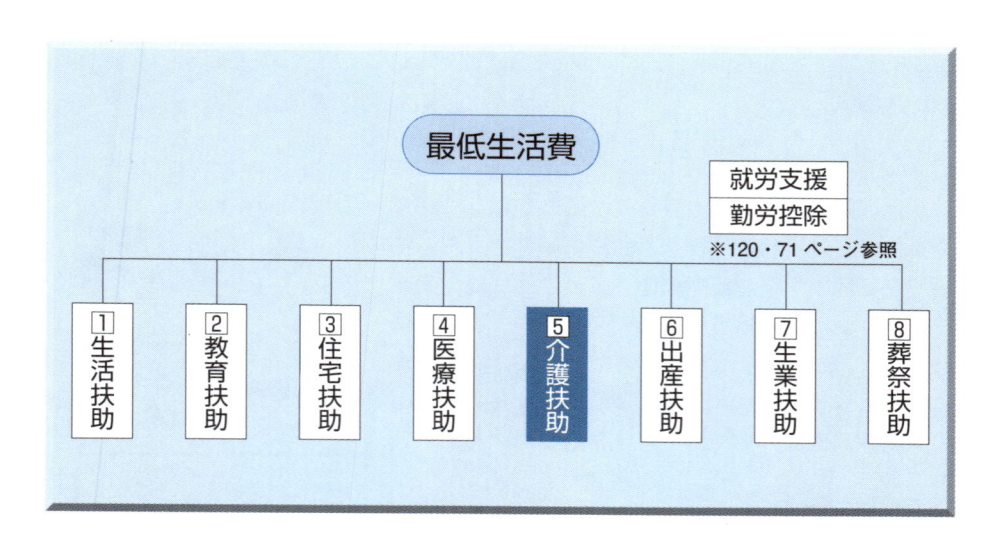

【生活保護受給額の算式】

受給額（保護費）＝最低生活費－世帯の収入（68ページ参照）

┌ ① 生活扶助＋② 教育扶助＋③ 住宅扶助＋④ 医療扶助＋
│ ⑤ 介護扶助＋⑥ 出産扶助＋⑦ 生業扶助＋⑧ 葬祭扶助 　合計額

2　介護扶助の支給額の計算の仕方

① 介護扶助（かいごふじょ）の支給基準額は、以下のとおりです。

◆介護扶助の基準額（生活保護法による保護の基準：別表第５）　　※令和元年10月〜

区　分	基準額
1．居宅介護（きょたくかいご）、福祉用具、住宅改修、施設介護、介護予防、介護予防福祉用具、介護予防住宅改修、介護予防・日常生活支援に係る費用	生活保護法第54条の２第４項において準用する同法第52条の規定による介護の方針及び介護の報酬に基づきその者の介護サービスに必要な最小限度の額
2．移送費	移送に必要な最小限度の額

※介護保険サービスは、65歳以上の高齢者、または40歳以上65歳未満の人で、「初老期の痴呆（ちほう）・脳血管疾患（のうけっかんしっかん）などの特定疾病の病気があり、自力で生活を維持することが困難なときに介護保険サービスを利用することができます。

ただし、介護サービスを利用するには、介護認定を受ける必要がありますので、地区担当員（ケースワーカー）に相談してください。介護認定で要支援・要介護と判定されると、サービスを受けることができます。

なお、65歳未満で障害者手帳を持っている人は、障害者福祉サービスの支援費制度が生活保護の介護扶助に優先します。

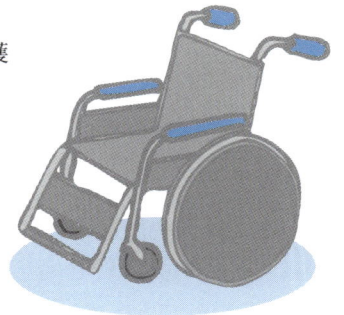

◆介護費　　　　　（厚生労働省「保護の実施要領」より）

指定介護機関において介護サービスを受ける場合の介護費は、介護関係法令通知等に示すところにより、介護サービスを受けるために必要な最少限度の実費の額を計上すること。

❻出産扶助の支給基準額

1 出産扶助による支給

　生活困窮者が出産をするときに行われる臨時的な給付（生活保護法16条）です。
分べん費が支給され、原則として、金銭により給付されます。

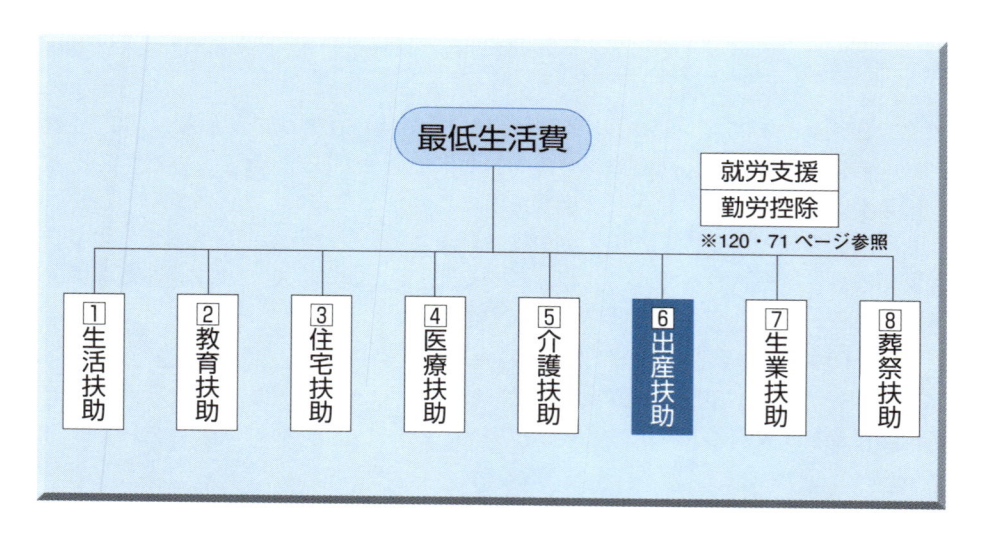

【生活保護受給額の算式】

受給額（保護費）＝最低生活費－世帯の収入（68ページ参照）

①生活扶助＋②教育扶助＋③住宅扶助＋④医療扶助＋
⑤介護扶助＋⑥出産扶助＋⑦生業扶助＋⑧葬祭扶助 ｝ 合計額

2　出産扶助による受給額の計算の仕方

①　出産扶助の基準額
出産扶助の基準額は、以下のとおりです。

◆出産扶助の基準額（生活保護法による保護の基準：別表第６）　　　　※令和元年10月〜

区　分	基準額
施設分べん	29万5,000円以内
居宅分べん	25万9,000円以内
特別基準	30万5,000円以内
衛生材料費	6,000円以内

②　加算
(1)　病院、助産所等施設において分べんする場合は、入院（８日以内の実入院日数）に要する必要最少限度の額が基準額に加算されます。

(2)　衛生材料費を必要とする場合は、6,000円の範囲内の額を基準額に加算されます。

◆**出産費**　　　　　　　　（厚生労働省「保護の実施要領」より）

(1)　出産予定日の急変によりあらかじめ予定していた施設において分べんすることができなくなった場合など真にやむを得ない事情により、出産に要する費用が保護の基準別表第６により難いこととなったときは、保護の基準別表第６の１について、29万5,000円の範囲内において特別基準の設定があったものとして必要な額を認定して差し支えないこと。

(2)　双生児出産の場合は、保護の基準別表第６の１について、基準額（(1)の要件を満たす場合は、30万5,000円）の２倍の額の範囲内において特別基準の設定があったものとして必要な額を認定して差し支えないこと。

(3)　病院、診療所、助産所その他の者であって、健康保険法施行令第36条各号に掲げる要件のいずれにも該当するものによる医学的管理の下における出産であると保護の実施機関が認めるときは、保護の基準別表第６の１又は本通知第７の７の(1)に定める額に加え、３万円の範囲内において特別基準の設定があったものとして、同条第１号に規定する保険契約に関し被保護者が追加的に必要となる費用の額を認定して差し支えないこと。

❼生業扶助の支給基準額

1　生業扶助による支給

　生業に必要な資金、器具や資材を購入する費用、又は技能を修得するための費用、就労のためのしたく費用等が必要なときに行われる臨時的扶助（生活保護法17条）で、原則として、金銭で給付されます。なお、平成17年度より高校就学費がこの扶助により支給されています。

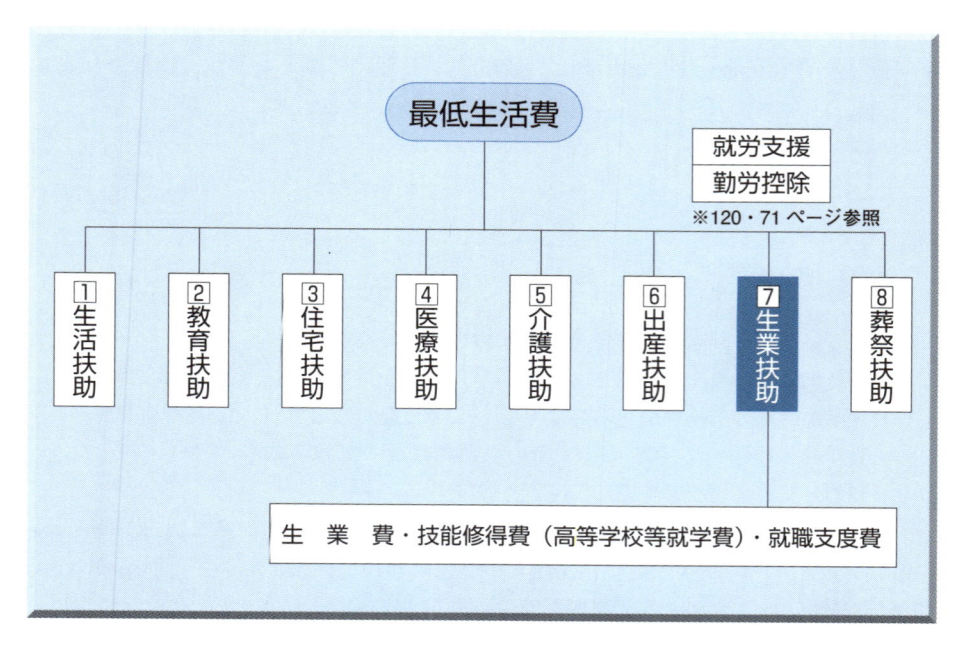

【生活保護受給額の算式】

受給額（保護費）＝最低生活費−世帯の収入（68ページ参照）

⓵生活扶助＋⓶教育扶助＋⓷住宅扶助＋⓸医療扶助＋⓹介護扶助＋⓺出産扶助＋⓻生業扶助＋⓼葬祭扶助　} 合計額

２　生業扶助の受給額の計算の仕方

①　生業扶助の基準額

　生業扶助（生業費・技能修得費・就職支度金）の基準額は、以下のとおりです。

◆生業扶助の基準額（生活保護法による保護の基準：別表第7）　　　　　※令和元年10月〜

区分		基　準　額	
生業費			4万7,000円以内
	特別基準		7万8,000円以内
技能修得費	技能修得費 （高校除く）		8万1,000円以内
		特別基準	13万5,000円以内
		※1	21万6,000円以内
		市長承認	（札幌市のケース）　38万円以内
	高等学校等 就学費 ※2	基本額	5,300円
		学級費	1,780円以内
		入学準備金	8万7,900円以内
		授業料	9,900円（上限）
		学習支援費 （特別基準）	年8万4,600円以内
			年10万9,980円以内
		災害時等再支給	2万6,500円以内
		入学金	（札幌市のケース）　全日制　5,600円
			（札幌市のケース）　定時制　2,100円
		入学考査料	3万円以内
		交通費、教材費 ⇒ 実費支給	
就職支度費			3万2,000円以内

※1　自立支援プログラムに基づく場合で、1年間のうちに複数回の技能修得費を必要とする場合
※2　高等専門学校の4、5学年に該当する場合は、年額29万7,000円の範囲内で認定

②　算定の方法等

　技能修得費（高等学校等就学費を除く。以下同じ。）は、技能修得（高等学校等への就学を除く。以下同じ。）の期間が1年以内の場合において、1年を限度として算定する。ただし、世帯の自立更生上特に効果があると認められる技能修得については、その期間は2年以内とし、1年につき7万8,000円以内の額を2年を限度として算定する。

■各種の扶助の計算

⑧葬祭扶助の支給基準額

1 葬祭扶助による支給

　生活困窮者が葬祭を行う必要があるとき行われる臨時的給付（生活保護法18条）で、原則として、金銭により給付されます。

　扶助は、要保護者の年齢、性別、健康状態等その個人または世帯の生活状況の相違を考慮して、1つあるいは2つ以上の扶助を行われます。

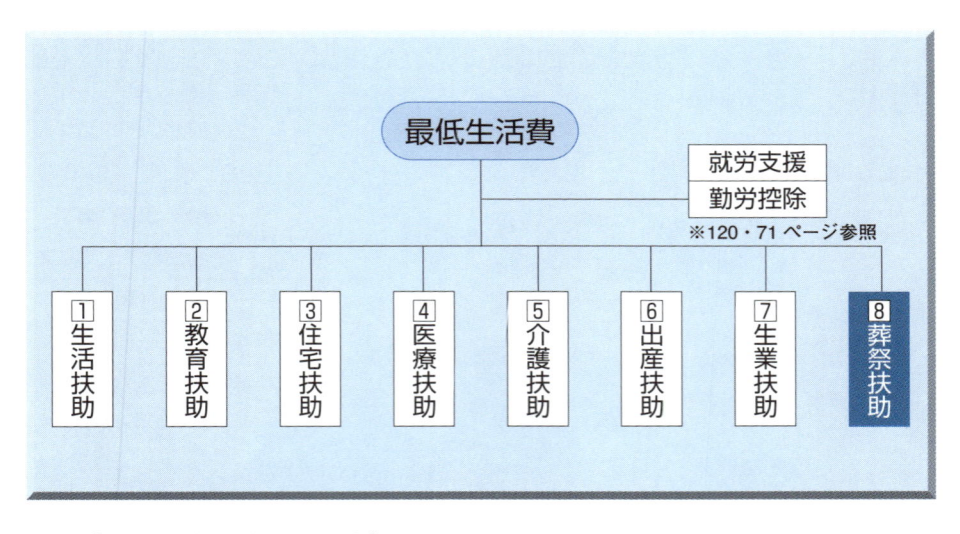

【生活保護受給額の算式】

受給額（保護費）＝最低生活費－世帯の収入（68ページ参照）

１生活扶助＋２住宅扶助＋３教育扶助＋４介護扶助＋
５医療扶助＋６出産扶助＋７生業扶助＋⑧葬祭扶助 ｝合計額

2　葬祭扶助の受給額の計算の仕方

① 葬祭扶助の支払基準額

葬祭扶助の支給基準額は、以下のとおりです。

(1) 葬祭扶助の基準額（生活保護法による保護の基準：別表第8）　※令和元年10月〜

基　準	大人　20万9,000円以内
	小人（12歳未満）　16万7,200円以内
運搬料　※1	7,480円以内

※1　自動車の料金その他死体の運搬に要する費用が1万5,580円を超えたとき。

(2) 火葬費の加算

　葬祭に要する費用の額が基準額を超える場合に、葬祭地の市町村条例に定める火葬に要する費用の額が次に掲げる額を超えるときは、当該超える額が基準額に加算されます。

級地別	大　人	小　人
1級地及び2級地	600円	500円
3級地	480円	400円

(3) 死体運搬費の加算

　葬祭に要する費用の額が基準額を超える場合に、自動車の料金その他死体の運搬に要する費用の額が次に掲げる額を超えるときは、2万3,060円から次に掲げる額を控除した額の範囲内において当該超える額が基準額に加算されます。

級地別	金　額
1級地及び2級地	1万5,580円
3級地	1万3,640円

◆葬祭費　　（厚生労働省「保護の実施要領」より）

(1)　小人の葬祭に要する費用が保護の基準別表第8の1の小人の基準額をこえる場合であって、当該地域の葬祭の実態が大人と同様であると認められるときは、保護の基準別表第8の1の基準額について大人の基準を特別基準の設定があったものとして適用して差しつかえない。　　　　　　（以下略）

③生活保護の受給額の 具体的な計算例

〈ポイント〉①住所地により異なる
②世帯人員により異なる
③必要とする扶助を合計する

　本表は、令和元年10月１日からの算式により計算したものです。平成25年８月〜平成27年８月の３回の改定により、生活扶助は最大１割が減額さ、さらに平成30年10月〜令和２年10月の３年間にわたる改定では、最大５％の減額が実施されます。

〔例１〕 夫婦と子２人の世帯 （夫35歳、妻30歳、子９歳〈小学生〉、子４歳）

（単位：円）

	1級地－1	1級地－2	2級地－1	2級地－2	3級地－1	3級地－2
生　活　扶　助	175,120	167,420	159,410	152,930	145,540	141,100
児 童 養 育 加 算	20,380	20,380	20,380	20,380	20,380	20,380
教　育　扶　助	2,600	2,600	2,600	2,600	2,600	2,600
住　宅　扶　助	13,000	13,000	13,000	13,00	8,000	8,000
世帯当たり最低生活費	211,110	203,400	195,390	188,910	176,520	172,080

▶生活保護受給額＝世帯当たり最低生活費（上記）－世帯収入（68ページ参照）

〔例２〕 高齢者２人の世帯 （夫68歳、妻65歳）

（単位：円）

	1級地－1	1級地－2	2級地－1	2級地－2	3級地－1	3級地－2
生　活　扶　助	121,790	117,380	112,760	111,920	107,040	103,980
住　宅　扶　助	13,000	13,000	13,000	13,00	8,000	8,000
世帯当たり最低生活費	134,790	130,380	125,760	124,020	115,040	111,980

▶生活保護受給額＝世帯当たり最低生活費（上記）－世帯収入（68ページ参照）

〔本表の見方〕
1．第２類は、冬季加算（Ⅵ区×5/12）含む。例１～例４同じ。
2．住宅扶助は、住宅費が設例の額を超える場合、地域別に定められた上限額の範囲内でその実費
　　が支給される。例１～例４同じ。令和元年10月１日の基準よる。
　　（例）１級地－１（東京都区部　69,800円）
　　　　　１級地－２（福山市　44,000円）
　　　　　２級地－１（熊谷市　56,000円）
　　　　　２級地－２（荒尾市　46,000円）
　　　　　２級地－１（柳川市　42,000円）
　　　　　２級地－２（さぬき市　42,000円）
3．下記例の額に加えて、医療費等の実費相当が必要に応じて給付される。例１～例４同じ。
4．勤労収入のある場合には、収入に応じた額が勤労控除として控除されるため、現実に消費しう
　　る水準は、生活保護の基準額に控除額を加えた水準となる（就労収入が10万円の場合、23,600円）。

〔例３〕母子２人の世帯（母30歳、子4歳）

（単位：円）

	１級地－１	１級地－２	２級地－１	２級地－２	３級地－１	３級地－２
生　活　扶　助	145,140	139,940	134,320	133,340	127,340	123,630
児童養育加算	22,010	22,010	22,010	22,010	22,010	22,010
母　子　加　算	24,200	24,200	22,400	22,400	20,800	20,800
住　宅　扶　助	13,000	13,000	13,000	13,00	8,000	8,000
世帯当たり最低生活費	204,350	199,150	191,730	190,750	178,150	174,440

▶生活保護受給額＝世帯当たり最低生活費（上記）－世帯収入（68ページ参照）

〔例４〕障害者含む２人の世帯（母65歳、子25歳〈障害者〉）

（単位：円）

	１級地－１	１級地－２	２級地－１	２級地－２	３級地－１	３級地－２
生　活　扶　助	122,810	118,380	113,710	112,870	107,930	104,830
障　害　者　加　算	26,810	26,810	24,940	24,940	23,060	23,060
重　度　障　害　加　算	14,790	14,790	14,790	14,790	14,790	14,790
重度障害者家族介護料	12,410	12,410	12,410	12,410	12,410	12,410
住　宅　扶　助	13,000	13,000	13,000	13,00	8,000	8,000
世帯当たり最低生活費	189,820	185,390	178,850	178,010	166,190	163,090

▶生活保護受給額＝世帯当たり最低生活費（上記）－世帯収入（68ページ参照）

④保護施設への入所と保護費の受給

〈ポイント〉①生活保護法に基づいて設置
②自宅で生活をすることが困難な人
③入所の申請は福祉事務所にする

1　要保護者と保護施設

　保護施設は、自宅で生活をすることが困難な要保護者を入所または利用させる生活保護法に基づく施設です。保護施設の種類には、①救護施設、②更生施設、③医療保護施設、④授産施設、⑤宿所提供施設の5つがあります。

　老人保健施設や特別養護老人ホーム、グループホーム、老人ホームも生活保護法を受け入れていますが、生活保護法に基づいて設置されている施設もあります。基本的には、障害者や高齢者を対象とした施設になっています。これらの施設は、生活保護法の下で設置されている施設です。なお、保護施設については他法の施設が充実していることから当該施設に移行すべきとの考えもあります。

2　保護施設の種類と概要

①救護施設…日常生活を送ることが、身体上または精神上著しい障害があるために困難な要保護者を入所させ、生活扶助を行うことを目的とした施設。身体・精神・知的といった障害の種類に関係なく利用でき、介護サービス・リハビリ・就労支援など、その人に合わせたサービスが幅広く提供されています。
　なお、施設に通って就労指導・生活訓練等に参加する通所事業もあります。

②更生施設…救護施設と同じような生活援助を行うための施設です。身体上または精神上の理由により、養護および生活保護を必要とする要保護者を入所させ、生活保護を行うことを目的とする施設。通所事業も行われています。

③医療保護施設…医学的治療が必要とされる要保護者に対して、医療の給付を行うことを目的とする施設です。

④授産施設…身体上または精神上の理由または世帯の事情により、就業能力の限られている要保護者に対して、就労または技能の習得のために必要な機会および便宜を

図って、その自立を助長することを目的とする施設。施設が受注した仕事や営業所での軽作業、施設内の自営店舗での就労など軽作業により資金を得る施設です。

⑤宿所提供施設…住む場所がない要保護者の世帯に対して住宅扶助を行うことを目的とする施設。施設自体は非常に少なく、また居住できる期間も原則３カ月（最長でも６か月）と非常に短期間となっています。

3　保護施設における保護費

救護施設等の保護施設への入所の場合の、基本生活費の額は以下のとおりです。

◆基準生活費の額（月額）　　　　　　　　　　　　　　※令和元年10月〜

級地別	救護施設及びこれに準ずる施設	更生施設及び及びこれに準ずる施設
１級地	６万3,820円	６万7,610円
２級地	６万0,640円	６万4,230円
３級地	５万7,440円	６万0,850円

※この他、地区別冬季加算額（11月〜３月）、期末一時扶助費（12月）があります（81ページ参照）。

◆保護施設　　　（厚生労働省「保護の実施要領」より）

第8　保護の決定

（6）保護施設等の取扱い

ア　救護施設・更生施設及び宿所提供施設

　救護施設若しくは更生施設に収容することを必要とする者又は宿所提供施設に入所することを必要とする者の収入充当額が最低生活費認定額以下の場合又はその者の収入充当額が最低生活費認定額を超過する場合であって、その超過額が保護施設事務費に満たない場合は、その者を被保護者と決定し又は被保護者とみなして、最低生活費認定額と保護施設事務費との合算額から収入充当額を差し引いた額との差額を保護費及び保護施設事務費支出額として決定すること。

イ　救護施設及び更生施設の行う通所事業

　救護施設及び更生施設が行う通所事業を利用する者に係る保護施設事務費支出額の決定は次により行うこと。

（ア）その世帯の収入充当額が最低生活費認定額以下の場合は、その者を被保護者と決定し、当該月の保護施設事務費の額をもって保護施設事務費支出額と決定すること。

（イ）（ア）に該当しない場合であっても、その世帯の収入充当額が最低生活費認定額を超過する場合であって、その超過額が保護施設事務費に満たない場合は、当分の間、その者を被保護者とみなして、当該月の保護施設事務費の額をもって保護施設事務費支出額として決定して差し支えないこ

103

と。また、前記に該当しない場合であっても、その世帯の収入充当額が最低生活費認定額に保護施設事務費の２倍に相当する額を加えた額以下であるときは、当分の間、その者を被保護者とみなして、最低生活費認定額に保護施設事務費の２倍に相当する額を加えた額と収入充当額との差額をもって保護施設事務費支出額として決定して差し支えないこと。

ウ　授産施設

授産施設を利用する者の生業扶助の決定は次により行なうこと。

（ア）その世帯の収入充当額が最低生活費認定額と保護施設事務費（家庭授産を利用する場合は、家庭授産の事務費の額）の合算額以下の場合は、その者を被保護者と決定し、当該月の保護施設事務費の額をもって保護施設事務費支出額と決定すること。

（イ）（ア）に該当しない場合であっても、その世帯の収入充当額が最低生活費認定額に保護施設事務費（家庭授産を利用する場合であっても施設授産の事務費の額とする。）の２倍に相当する額を加えた額（以下「限度額」という。）以下であるときは、当該世帯の自立助長を考慮してその者を被保護者とみなし、当該月の保護施設事務費の額をもって保護施設事務費支出額と決定すること。

　　また、現に授産施設を効果的に利用している者については、収入充当額が限度額をこえる場合であっても、当分の間、その者を被保護者とみなし、そのこえる額と当該月の保護施設事務費との差額をもって保護施設事務費支出額として決定して差しつかえないこと。

エ　アからウの場合の保護施設事務費は、施設入所の属する月の翌月（初日に入所する場合は当該月）から退所の日の属する月まで月を単位として算定し、支出決定すること。

　　ただし、新たに事業を開始した施設であって事業開始後３箇月を経過する日の属する月の末日が経過していない施設に月の中途で入退所する者の保護施設事務費は、入退所の日を含めた入所日数に応じ日割計算により算定すること。

オ　アからウの場合において最低生活費認定額をこえる収入充当額があるため保護施設事務費の範囲内で生ずる本人支払額は、施設入所の属する月の翌月（初日に入所する場合は当該月）から退所の日の属する月まで、月を単位として算定すること。

　　ただし、新たに事業を開始した施設であって事業開始後３箇月を経過する日の属する月の末日が経過していない施設に月の中途で入退所する者の本人支払額は当該月の収入充当額に基づき算定すること。

第3章

生活保護の申請の仕方と決定・受給

♣生活保護は、原則として保護を受ける者等の申請が必要です。通常は、保護申請書に添付書類を添えて福祉事務所の生活保護の窓口で相談して提出します。

生活保護の申請の仕方

♣生活保護を受けるためには、以下の手続の流れとなります。なお、生活保護は原則として申請主義（しんせいしゅぎ）であり、申請をしなければ保護を受けることはできません。また、世帯単位（せたいたんい）の保護となりますので、最低限度の生活費の基準額（厚生労働大臣が定める）は世帯単位で判定されますので、申請者本人が収入所得がなくても世帯の収入が基準額以上だと保護を受けることはできません。

他にも要件がありますが、これについては第1章で詳しく述べてあります。

1　相談

生活保護の相談は、現在住んでいる地域を所轄（しょかつ）する福祉事務所（ふくしじむしょ）の生活保護担当です。福祉事務所は、市（区）部では市（区）が、町村部では都道府県が設置しています。

生活に困り、保護について聞きたい場合には、上記の福祉事務所等で相談するとよいでしょう。同所の担当課では、地区担当員（ケースワーカー）が家庭の事情や困っている状況などを聞いて、保護を受ける要件（ようけん）などについての説明がなされます。

また、福祉事務所等には、「生活保護のしおり」（パンフレット）が用意されていて、生活保護の概要（がいよう）等が説明してありますので、資料として入手しておくとよいでしょう。なお、生活保護の相談は、生活保護を受給するための要件ではありません。申請は相談なしでもすることができますが、福祉事務所で行う調査・要保護者か否かの検討のために資料の提出が求められています。

2　生活保護の申請

生活保護は申請により開始されます。通常は、面接が行われ、その後に生活保護の申請書などの必要な書類を提出することになります。申請は本人の他に、その扶養義務者（ようぎむしゃ）（親、子、兄弟など）またはその他の同居の親族に限られます。

3　調査

生活保護の申請をした後に、地区担当員（ケースワーカー）が自宅訪問などの調査を行います。調査にあたっては、預貯金などの資料を提出する必要があります。

4　審査・決定

福祉事務所等は、前記3の調査を基に、生活保護の要否の判定を行います。つま

と決定・受給まで

♣なかなか申請を受けつけてくれない場合は、不服申立てをするのも手です

〔申請から実施までの流れ〕

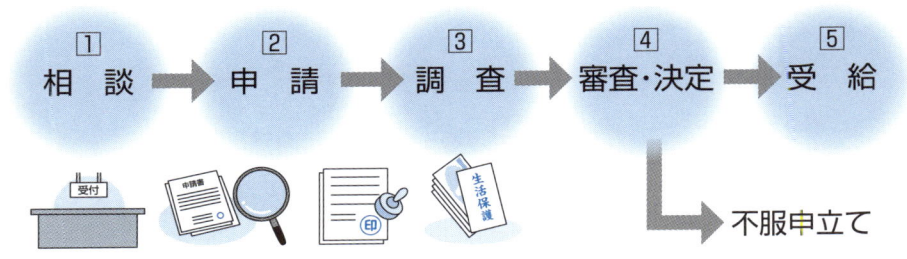

① 相　談　→　② 申　請　→　③ 調　査　→　④ 審査・決定　→　⑤ 受　給

↳　不服申立て

り、保護の要件を満たしているかどうかが判定されるわけです。

　保護の要否の判定の結果は、書面で送られてきます。生活保護が受けることができる場合は「保護決定通知書（ほ ご けっていつう ち しょ）」、受けられない場合は「保護申請却下通知書（ほ ご しんせいきゃっ か つう ち しょ）」となります。

5　不服申立て

　審査の結果に不服の場合には、都道府県知事を相手に審査請求や、訴訟（そ しょう）を提起（てい き）することができます。なお、再度、生活保護の申請をすることもできます。

◆用語解説

▷ケースワーカー…福祉事務所に勤務し、生活保護の相談や調査・審査等を行う公務員のことです。社会福祉学を基に、社会福祉援助技術を用いて、社会的に支援を必要とする人にさまざまな働きかけをする人です。社会福祉士および介護福祉士の国家資格の制定により、社会福祉士を指す場合もあります。

▷福祉事務所…生活保護法などに定める援護、育成、厚生の措置に関する職務を司どるとされ、そのために地方公共団体に設置されている機関です。都道府県および市（特別区含む）は条例で福祉事務所を設置しなければならず、町村は条例で設置できますが、一部事務組合またかは広域連合により設けることができます。市町村の設置では、福祉部・福祉課の場合が多いようです。

▷民生委員…都道府県知事、政令指定都市・中核市の長の推薦により、厚生労働大臣が委嘱します。民生委員の職務は、住民の生活状態の把握、援助を必要とする者がいれば相談に応じ、助言その他のサービスを行うなどです。生活保護の申請等の相談にものってくれます。民生委員には守秘義務があるが、情報漏洩を気にして、情報の提供を拒む例もあるようです。

1 生活保護の申請の仕方

〈ポイント〉①まずは、福祉事務所で相談
　　　　　　②保護申請書（添付書類含む）の提出
　　　　　　③保護の要否の審査・決定実施

1　生活保護の申請

　生活保護の申請は、申請人の住所地を所轄する福祉事務所の保護課または生活福祉課など生活保護担当の窓口でします。福祉事務所を設置していない町村においては、町村役場でも申請の手続を行うことができます。申請人は、本人の他に、その扶養義務者（親、子、兄弟など）またはその他の同居の親族に限られます。

2　生活保護の申請書と必要な書類

　生活保護の申請にあたっては、福祉事務所に申請書の用紙がありますので、それに必要事項を記載して提出します。（申請書⇒110ページ参照）

　また、申請書の他に、申請後の調査において、世帯の収入・資産等の状況が分かる資料（通帳の写しや給与明細等）などの提出が求められます。通常、求められる書類には、以下のものがあります。

①印鑑
②直近３カ月の給与明細書
③年金手帳
④年金、恩給証書および改定通知書
⑤児童扶養手当証書
⑥雇用保険受給資格者証
⑦傷病手当金の支払通知書
⑧記帳済の預貯金通帳（全部）
⑨健康保険証（国保・社保など）
⑩土地・建物の権利証
⑪土地・建物の登記簿謄本
⑫生命保険証書
⑬家賃・地代の契約書
⑭扶養義務者の一覧
⑮扶養義務者との相談結果
⑯負債の一覧
⑰就労活動状況の申告書
⑱自動車の車検証

⑲生活歴、職歴、病歴　　　　　⑳年金受給者記録照会票
㉑障害者手帳　　　　　　　　　㉒運転免許などの資格証

　これらの資料は、生活保護の調査において必要な資料ですが、申請を早くしたいが書類が何らかの事情で早急に用意できない場合は、申請を先にして、担当者に事情を話して、後日、書類を提出するとよいでしょう。

3　申請における問題

　申請に当たっての面接で、生活保護の申請をしないように指導するケースもあるようです。例えば、母子家庭の場合、児童扶養手当を受けることができますので、この手当をまず受けなければなりません。この手当を受けていなければ受けるように指導がなさます。ただし、こうした手続をとっても、なお生活が困窮するという事情にあれば、生活保護の申請を必ず提出しましょう。

　かつては、いろいろ聞いた揚句、「申請は認められないと思いますよ」などど担当者に言われることもあるようですが、保護が認められるかどうかは、以後の手続である診断会議において決まることで、申請の窓口で判断することではありません。

　なお、申請は、福祉事務所にある用紙に記載して提出することが要件となってはいません。自分で書いて申請してもかまいません。ただし、ケースワーカーによる調査に必要な一定の資料の提出を求められます。

◆生活保護法改正① 申請書の記載事項や添付書類についての明文化

　平成25年の改正において、生活保護法24条に「申請による保護の開始及び変更」の条項が設けられ、申請についての明文化がなされました。それによれば、保護の申請者は、厚生労働省令で定めるところにより、次に掲げる事項を記載した書面を提出しなければならない」（原則）としています。次に掲げるで事項は、以下のものです。

① 要保護者（申請者）の氏名および住所又は居所。申請者が要保護者と異なるときは申請者の氏名及び住所又は居所並びに要保護者との関係を記載

② 保護を受けようとする理由

③ 要保護者の資産及び収入の状況（生業もしくは就職または求職活動の状況、扶養義務者の扶養の状況及び他の法律の定める扶助の状況を含む）

④ その他、要保護者の保護の要否、種類、程度及び方法を決定するために必要な事項として厚生労働省令で定める事項（申請書に書類の添付が必要）

　こうしたことを記載する申請書や必要書類の用紙は福祉事務所に用意されていますので書類をもらうことが重要です。この保護の相談にあたっては、福祉事務所の担当者は相談者の申請権を侵害しないことはもとより、侵害していると疑われるような行為は厳に慎しむべきものとされています。

生活保護申請書

年　　月　　日

○○○○福祉事務所長殿

住　所
申請者
氏　名　　　　　　　　　　㊞
（保護を受けようとするものとの続柄　　　）

次ぎのとおりであるので、生活保護法による保護を申請します。

申請の理由							
保護を受けようとする者	本籍地						
	住　所	（筆頭者　　　）					
	人員	氏　名	続柄	性別	生年月日	職業・収入	健康状態
	1		世帯主	男・女	年　月　日		
	2			男・女	年　月　日		
	3			男・女	年　月　日		
	4			男・女	年　月　日		
	5			男・女	年　月　日		
	6			男・女	年　月　日		
援助してくれる者の状況	世帯主又は家族との関係	氏　名		住　所			援助の内容

（注意）
1．申請書は各都道府県等の福祉事務所により異なります。申請する福祉事務所で入手するとよいでしょう。
2．不実の申請をして不正に保護を受けた場合には、生活保護法85条または刑法の規定によって処罰されることがあります。

(別添1)

資　産　申　告　書

○○○○福祉事務所長殿

令　和　　　年　　　月　　　日

氏　名　　　　　　　　　　　印

　現在の私の世帯の資産の保有状況は，次のとおり相違ありません。

1　不動産

	区　　　　分		延面積	所有者氏名	土　地　の　地　番
土地	(1)宅　　　　地	有・無			
	(2)田　　　　畑	有・無			

(以下省略)

(別添2)

収　入　申　告　書

○○○○福祉事務所長殿

令　和　　　年　　　月　　　日

氏　名　　　　　　　　　　　印

　私の世帯の総収入は，次のとおり相違ありません。

　1　働いて得た収入

働いている者の氏名	仕事の内容勤め先（会社名）等	区　　分	当月分見込額	前　3　か　月　分		
				月分	月分	月分
		収　　　入	円	円	円	円
		必要経費①				
		勤労日数	日	日	日	日

(以下省略)

(別添3)

同　意　書

　保護の決定又は実施のために必要があるときは，私及び私の世帯員の資産並びに収入の状況について，貴支庁長（福祉事務所長）が官公署に調査を嘱託し，又は銀行，信託会社，私若しくは私の世帯員の雇主その他の関係人に報告を求めることに同意します。

　令　和　　　年　　　月　　　日

(以下、住所氏名・印省略)

※この他にも書類が求められるものがあります（108ページ参照）。

②申請後にケースワーカーによる調査がある

〈ポイント〉①世帯の収入の調査
②世帯の資産の調査
③稼働能力の調査など

1　どのような調査がなされるか

　調査は生活保護の要否についての判断のためになされます。つまり、生活保護の扶助(ふじょ)の要件である、①生活が困窮(こんきゅう)（世帯(せたい)の収入がどうなっているか）、②資産の活用要件（資産はないか）、③稼働能力要件(かどうのうりょくようけん)（働けない状況にあるか）、④他の福祉制度などの活用、⑤扶養義務者(ふようぎむしゃ)からの援助を得られるかかどうかの有無（これは保護の要件ではありません）、などです。

①　**収入について**…給与明細などの提出が求められます。収入があっても、世帯の収入が最低生活の基準額に満たない場合は、保護を受けることができます。

②　**資産について**…世帯全員の預金通帳などの提出が求められ、細かく調べられます。不動産があれば保護の前に売却して生活費に当てる必要があるのですが、価値がほとんどない場合は、売却しても収入つかなかったり、買い手がいない場合もあります。こうした場合は、資産として申出で、事情を話す必要があります。

③　**稼働能力について**…高齢や病気の場合は稼働能力がないとされますが、病気の場合には医師の診断書が必要です。また、稼働能力(かどうのうりょく)はあるが働き口がないという場合には就職活動をしていることをきちんと伝えることです。

④　**他の制度の活用について**…年金や雇用保険、母子家庭(ぼしかてい)における児童扶養手当(じどうふようてあて)などがありますが、こうした制度をまず利用することが必要で、利用してもなお最低生活費の基準額に満たない場合に生活保護を利用することができます。調査においては、年金手帳、児童扶養手当証書（母子家庭）などの書類の提出が求められます。

⑤　**扶養義務者について**…生活保護は、扶養義務者で扶助ができる人がいれば、その人が扶助をするのが前提です。民法877条１項は扶養義務者について規定しており、直系血族、兄弟姉妹は互いに扶養をする義務があるとしています。こうしたことから、生活保護の調査においても申請書あるいは資料として扶養義務者一覧の提出を求められます。そして、扶養義務者に対して、扶助の有無についての問い合わせが行われます。

2　調査の問題点

生活保護を受けることを知られたくない人もいます。調査により知ったことをケースワーカー等の職員が外に話したりすることは禁止（守秘義務）されていますが、扶養義務者へは「**扶養照会**」（通知）の文書が送られますので、この人たちには知られる結果となります。離婚した母が生活保護を受けようとする場合、母が養育している子がいれば、別れた夫（子の扶養義務者）にも通知がいきます。

　突然「扶養照会」がくれば、扶養義務者もいい気はしないでしょう。事前に生活保護の申請をする旨の通知を扶養義務者に伝えておくのも一法でしょう。なお、この扶養義務者については、下記（囲み記事）のとおりの改正が行なわれています。

　調査には、担当のケースワーカーによる訪問調査もあります。これを拒否すると、生活保護の申請が却下されることがありますので注意が必要です。訪問調査はあくまで、申請に関する事項に限られ，犯罪捜査のような強制捜査ではありません。

◆**生活保護法改正②**　**福祉事務所の調査権の拡大**

　平成25年の生活保護法の改正で、福祉事務所の調査権の拡大がなされました。

　改正前は「資産及び収入」に限定されていた調査事項が、就労や求職活動の状況、健康状態、扶養の状況等についても調査権限が拡大されたのです。また、福祉事務所が官公署等へ情報提供を求めた場合、これに対して回答を義務付けました。回答義務の対象となる例としては、自動車の所有状況などの資産の状況に関するものや市長村民税、児童手当、失業等給付、国民年金などの収入に関するものです。

　扶養義務に関しては、福祉事務所が必要と認める場合には、その必要な限度で、扶養義務者に対して報告するよう求めることができ、被保護者であった者の扶養義務者についての調査もできるとされました。ただし、調査は保護を受けていた期間に限るとされています。

　この扶養義務者への通知および報告徴収は、明らかに扶養が可能と思われるにもかかわらず扶養を履行しないと判断される場合であり、また、扶養は保護の要件ではなく、保護に優先するものではないという考え方を変えるものではないとしています。つまり、扶養義務者の扶助がなくても生活保護は受けられるということです。

③保護の要否の判定・決定がなされる

〈ポイント〉①保護の決定は福祉事務所等が行う
②判断基準は保護の要件をクリアしているかどうか
③保護の要否は通常、申請から2週間以内

1 保護の要否の判断のしくみ

　保護をするかどうかの決定は、福祉事務所において行われ、申請者への保護の要否の決定は、福祉事務所長名で送られてきます。なお、市（区）などにおいて「○○市生活保護ケース診断会議設置要領（要綱）」により「診断会議」が設置されています。

　例えば、東京都の港区では「港区生活保護ケース診断会議設置要領」があり、設置、付議事項、組織、会議、付議手続などについての規定がなされていて、この診断会議は福祉事務所長や地区担当員などで構成されます。この診断会議で保護の要否が決定されるところもあれば、困難な事情等がある場合にのみ付議され保護の要否についての決定がなされるところもあるようです。

2 保護の要否の判断

　保護の要否の判断は、生活困窮者（最低生活費の基準額に世帯の収入が満たない者）で、保護要件である、資産の活用（資産があれば売却等により生活費に当てる）、能力の活用（働ける人は働いて収入を得る）、他の制度の活用（まず、年金や雇用保険等の他の制度を使う）という要件をクリアしなければなりません。

3 保護の通知

　生活保護の申請に対する要否の通知は、申請から2週間以内に書面（文書）によ

りなされるのが原則ですが、調査に時間がかかるなどの特別な事情があった場合には30日までの延長が認められています。保護が受けられる場合は「保護決定通知」、受けられない場合は「保護申請却下通知」の書類が送られてきます。

保護の種類、程度および内容については、保護決定通知書に保護の種類ごとに金額の記載があり、支給額の記載もなされています。

4　生活保護費の受給

生活保護を受ける決定がなされるときに、決定通知書には扶助の種類、程度及び方法についての記載もなされていますので、具体的な支給額、支給日時、受給場所等がわかります。

生活保護の支給は、月単位で支給されます。最初の支給は、原則として、申請日から月末までの日数を日割りした額が支給されます。ただし、住宅扶助については家賃等の支払日により、教育扶助については1カ月単位で日割りはありませんので、注意が必要です。

生活保護費の受給の場所については、法律で決まっているわけではありません。福祉事務所によって異なり、福祉事務所に行くケースもあれば振り込まれるところもあります。流れとしては、振込が多くなっているようです。

なお、支給開始に当たっては、福祉事務所の担当者から、生活保護の受給にあたっての注意点についての話があります。

◆保護の判定や決定に不服のとき

生活保護の申請において、①申請したいと言っても申請させてくれないとき、②申請が認められなかったとき、③申請したのに30日以内に返事がないときには、異議あるいは審査請求という方法で不服の申立てができます。また、保護決定後においても、④保護の内容に納得がいかないとき（保護費が少ないなど）、保護費の停止や減額がなされ納得がいかないとき、⑥福祉事務所の指示や指導内容などに不満があるとき（働けないのに働くように指導された）などの場合も同様です。

不服の申立ては、①異議の申立ては処分をした行政庁（市町村など）に処分のあったことを知った日の翌日から60日以内に行い、②審査請求は処分のあったことを知った日の翌日から60日以内に都道府県知事に対して請求します。さらに審査請求に不満がある場合には，③前記審査請求の裁決があったこと知った日の翌日から30日以内に厚生労働大臣に対して再審査請求ができます。

また、裁判（訴訟）にする方法もあります。訴訟をする場合は、素人には手に負えないことも多く、費用も面も含めて弁護士に相談するのがよいでしょう。

④生活保護費の受給と注意点

〈ポイント〉①保護費の受給中には守らなければならない義務がある
②指導や支持を守らないと生活保護の変更・停止・廃止の処分がある
③生活保護受給者にも権利がある

1　指導、指示に従う義務

　支給開始に当たっては、福祉事務所の担当者から、生活保護の受給にあたっての注意点についての話があります。

　生活保護が開始されると、地区担当員（ケースワーカー）が定期的に家庭訪問をし、世帯の生活状況を聞いたりして生活状況を把握し、指導などを行います。訪問は福祉事務所によって異なりますが、だいたい半年に１回ぐらいのようで、事前の通知もなく抜き打ち的に行われます。ケースワーカーは、生活保護者の自立助長や生活保護の適正な実施を図るための職員で、生活保護者をこうした視点から調査する任もあるのです。そのためケースワーカーの訪問に応じず、生活の実態がわからないなどのときには、悪質な受給者だと判断されれば、支給の停止などもあります。

　また、福祉事務所は、生活保護者に対して、必要な指導（例えば就労）や指示をします。これに従わないと、生活保護を変更、停止、または廃止されることがありますが、高齢や病気で働かないからといって処分はできません。

2　生活保護受給者の権利

　不正受給や法改正による減額など正当な理由がないのに、すでに決定された保護は不利益に変更されません。

　保護者の金品に対して税金を課せられること、差押えられることはありません。かつて、貸金業者が生活保護受給カードを預かるなどの違法行為がありましたが、

こうした行為は無効です。

3　生活保護受給者の義務

●家計の節約を図り、可能な範囲で「自立」を目指すこと

具体的には、以下のようなことがあります。

① 働ける可能性があれば、働くための就職活動をする必要があります。また、そうした就労指導が行われます。最近では、福祉事務所とハローワークの連携による自立支援プログラムも行われています。また、病気やケガなどで働けない場合は、医師の指示に従って治療を受ける必要があります。

② 生活保護費は、原則としてどのように使ってもよいのですが、過度の遊行やギャンブルによる浪費は慎む必要があります。こうしたケースでは、通常、指導が行われます。

③ 借金はできませんし、生活保護費を借金の返済に充てることもできません。

●届出義務

以下の場合は届出（申告）の義務があります。

① 世帯の収入の状況に変化があったとき…給料、年金、恩給、手当、仕送り、教育費、アルバイト（子を含む）、保険給付金、賠償金など。

② 土地、家屋など財産を売却、取得したとき

③ 世帯に変化が生じたとき（就職、退職、結婚など）

④ 病院への通院、入院、退院するとき。

◆医療扶助と介護扶助の手続き

医療扶助および介護扶助の対象者は、「困窮のため最低限度の生活を維持することができない者」（生活保護法15条）で、これは生活保護受給者のことです。

手続きとしては、病気で仕事ができず医療費もかさみ生活が困窮した場合には生活保護の申請をして医療扶助を受ける（医療券の発行）ことになります。また、生活保護受給中であれば、福祉事務所に医療券の申請が必要です。この医療券は、自分は生活保護受給者であり、医療費は福祉事務所で支払ます」という証明書のようなものです（ちなみに生活保護者は健康保険に加入することはできません。また、医療券は1か月ごとに発行されます。

介護扶助の介護券もほぼ同様の手続きとなりますが、介護ではどのような介護をするかのプランをケアマネージャーと相談する必要があり、ケアマネージャーの手助けが必要となります。

▷医療扶助⇒90ページ参照　　介護扶助⇒92ページ参照

⑤生活保護費の変更・廃止・返還と不正受給の罰則

〈ポイント〉①不正受給は返還の対象となる
②詐欺等の刑事罰に問われることもある
③保護の変更・停止・廃止の処分もある

1　保護の変更・停止・廃止

　生活保護費は、支給基準額や保護世帯の人員の増減・世帯収入の増減などにより変更します。そして被保護者の保護が必要でなくなったときに保護の停止又は廃止が決定されます。

　この他にも下記義務違反をしたときなどにも適用されます。

・立ち入り調査を拒み、妨げ、忌避したとき

・医師・歯科医師の検診を受けるべきとする命令に従わないとき

・保護の実施機関がする指導・指示に従わないとき

　最近では、自立のための就労の指導が多く行われているようです。ただし、病気や高齢で働けない人は、処分されることはありません。

2　生活保護費の返還

　すでに受給した生活保護費を返還しなければならないのは、以下のケースの場合です。

①生活保護の開始以降に何らかの事情で資産を得たとき

・生活保護開始時に売れなかった財産が売れたとき

・各種の年金や手当などをさかのぼって受け取ったとき

・事故や災害により保険金、補償金、示談金などを受け取ったとき

・生命保険金の解約返戻金などを受け取ったとき・など

②不正な手段等で保護費を受け取ったとき（義務違反）

・働いて得た収入があるのに報告しない

・嘘の届出をする

・借金をする・など

3　不正受給と罰則

　不正受給で特に悪質なときは、罰則や刑法などによる処罰を受けることになります。

①　生活保護法による処罰

　不実の申請その他不正な手段により保護を受けた者は3年以下の懲役又は100万円以下の罰金としています。また、不正受給金は上乗せして徴収されます（下記囲み記事参照）。

②　刑法による処罰

　不正受給で、それが刑法246条の詐欺に該当するは場合には、10年以下の懲役です。

◆**生活保護法改正③　不正受給・不適性受給等の対策の強化**

　平成25年の生活保護法の改正において、生活保護の不正・不適正受給についての対策の強化等が行なわれた。まず第一は、福祉事務所の調査権限の拡大です。調査権限を拡大することにより、不正受給等を防止しようというものです。これについては113ページを参照してください。

　また、以下の改正が行なわれました。

①　不正受給の罰則について「3年以下の懲役又は30万円以下の罰金」から「3年以下の懲役又は100万円以下の罰金」に引上げ

②　不正受給に係る徴収金について100分の40を乗じた金額を上乗せすることを可能とする

③　確実な徴収を図る観点から、地方自治体が生活保護受給者に対して不正受給に係る徴収債権を有している場合、本人からの申し出を受け、保護の実施機関が最低限度の生活の維持に支障がないと認めたときは、保護費と調整することを可能とする

④　医療扶助等の事由が第三者行為によって生じた場合は、地方自治体は、支弁した医療扶助等の限度で、受給者が当該第三者に対して有する損害賠償請求権を取得する規定を創設

◆困窮者の自立支援制度

生活保護法および生活困窮者自立支援法は、要保護者の保護開始直後から脱却後まで、稼働可能な者については、切れ目なく、どの段階でも、就労等を通じて社会に参加することを支援するものです。

① 保護開始段階での就労支援

①本人の納得を得た集中的支援（25年5月から実施）

働く能力がある等保護受給開始後、一定期間内に就労自立が見込まれる者を対象に、原則6か月以内の一定期間を活動期間とする。受給者主体の自立に向けた計画的な取組についての確認を行い、本人の納得を得て集中的な就労支援を実施。

②就労活動促進費の支給（25年8月から実施）

自ら積極的に就労活動に取り組んでいる者に対して、労活動促進費を支給する。
・支給金額：月5000円（支給期間：原則6か月以内、延長3か月、再延長3か月）
・支給要件：被保護者が、福祉事務所と事前確認した活動期間内に保護脱却できるよう、ハローワークでの求職活動等を月6回以上行っているなど計画的な取組み。

② 保護開始後3～6月段階での支援

①職種・就労場所を広げて就職活動（25年5月から実施）

希望を尊重した求職活動の結果、就職の目途が立たない場合等は、「職種・就労場所を広げて就職活動」を基本とする。

②低額であっても一旦就労（25年5月から実施）

それまでの求職活動を通じて直ちに保護脱却可能な就労が困難と見込まれる者については、生活のリズムの安定や就労実績を積み重ねることでその後の就労に繋がりやすくする観点から、「低額であっても一旦就労」を実施。

③ 就労開始段階の取組

①勤労控除制度の見直し（25年8月から実施）

就労の意欲が高まるよう基礎控除のうち全額控除額の引上げ及び控除率の定率化
・最低控除額の引き上げ　8000円→1万5000円（基礎控除額表は71ページ参照）

④ 保護脱却段階での取組

① 就労自立給付金の支給（26年7月から実施）

保護脱却後に税、社会保険料等の負担が生じることを踏まえて、生活保護脱却のインセンティブを強化保護脱却前6か月間の各月の就労収入額に対し、算定率を乗じて算定した額と上限額のいずれか低い額を支給。
・支給金額：上限額単身世帯10万円、多人数世帯15万円
・支給要件：安定した就労の機会を得たこと等により保護を必要としなくなった者

⑤ 保護脱却後の支援

平成25年度に新たに生活保護受給者等就労自立促進事業を創設。さらに平成26年度は、福祉事務所へ設置するハローワークの常設窓口を増設。「生活困窮者の自立の支援に関する法律」の制定により、生活困窮者自立促進支援事業の実施。

※生活困窮者の自立の支援に関する法律（生活困窮者自立支援法）平成27年4月1日から施行された法律で、生活困窮者の自立の促進を図ることを目的としている。

◎資料①

◆生活保護の受給についてのQ&A

Q1　生活保護のメリット・デメリットはなんですか？

　生活保護のメリットは、「最後のセーフティネット」と言われるように、生活に困窮した場合、生活支援をしてくれることです。また、公的な負担等が全部免除になります。これには、市営住宅や都営住宅の家賃、住民税や介護保険料、NHKの受信料、市区町村が行う事業（保育園、学童保育、福祉サービス）の自己負担金の免除などがあります。

　一方、生活保護にはデメリットもあります。

①　原則として自動車や土地建物、その他の資産となるものの所有が制限される

②　収入に見合ったアパート等への移転が求められ、住宅扶助には上限が定められている。

　　親族の援助が受けられないかを調べるために照会等の連絡が取られ、親族に知られる。

④　申請時に訪問調査があり、受給が開始すると担当者による定期的な家庭訪問がある。

⑤　お金の使い方には制限や指導が入る

　以上は、一般的なデメリットですが、生活保護を受給するには甘受しなければならないことです。

Q2　働いて一定の収入があるが生活が苦しいので生活保護が受けたい…

　働いて、一定の収入がある人でも、その収入および資産が最低生活費（厚生労働大臣が定める基準）に満たない場合には、生活保護を受けることができます。ただし、その場合の保護費の額は、最低生活費から収入を差し引いた差額が支給されます。年金受給者（単身）の場合、最低生活費と年金収入の差額が受給額です。

Q2　生活保護の申請をするにはどうすればよいのですか？

　あなたが住んでいる住所を管轄する福祉事務所（大抵は役所の中にある）で申請をすることになります。福祉事務所を設置していない町村については町村役場でも申請の手続ができますので、そこで申請することになります。福祉事務所では、まず、事情を話して生活保護制度の仕組みや各種社会保障施策等の活用について説明を受けることになります。相談・申請に当たっては、特に必要な書類はありません。申請は、通常、福祉事務所にある申請書の用紙に記載して行いますが、必ずしも福祉事務所で渡される申請書でなく自作のものでも構いません。なお、生活保護の申請をした後の調査において、世帯の収入・資産等の状況が分かる資料を求められることになります。

Q3　住民登録をしていないと生活保護は受けられないのか…

　決まった住所がなく住民登録とは異なる地域に住んでいる場合には、現在住んでいる場所を管轄する一番近い福祉事務所で申請します。路上生活者で住民登録がない人については、申請の際に、施設への入所や医療機関への入院が求められることがあります。住民登録がない人は、生活保護の申請ができないというのは、まったくのウソです。

Q4　生活保護の申請をなかなか受け付けてもらえないのですが…

　生活保護の申請の相談において、なかなか申請書の用紙をくれない場合があるようです。中には、生活保護申請書を突き返すケースなどもあるようです。これは「水際作戦」と呼

ばれ、増える生活保護申請者の申請を窓口で阻止しようというものですが、申請拒否となれば違法です。

判例によれば、生活保護の申請を受付なかったケースで、福岡地裁小倉支部は、「保護実施機関は、利用できる制度について十分な説明をし、適切な助言を行う助言・教示義務、必要に応じて保護申請の意思の確認を取る申請意思確認義務、申請を援助指導する申請援助義務がある」と判旨し、違法としています（平成23年3月29日判決）。

Q5 自動車を持っていても生活保護は受けられますか？

自動車は資産となるので、原則として処分することになります。ただし、以下の場合等は保有が認められます（一定の条件あり）。
① 仕事で自動車を使用している場合
② 障害を持っている人が通勤・通院に使用している場合
③ 公共交通機関の利用が著しく困難な地域に住み、通勤・通院に使用する場合

Q6 住宅や土地を所有しているが生活保護を受けるには売却しなければならないか？

生活保護は自分の家での保護（居宅保護）を原則としていますので、住宅の所有は認められています。また、事業や農業等に利用する土地の所有も認められています。ただし、利用価値が処分価値に比べて著しく低いような場合には、売却するように言われることがあるでしょう。また、住宅ローンのある住宅は、生活保護費を住宅ローンの返済に充てることはできませんので、売却が求められるでしょう。なお、住宅費用（家賃）が生活保護の住宅扶助を超えるときは、生活扶助からの支出となりますが、その前に家賃の低い住宅に転居を求められることがあります。

Q7 生活保護の受給要件である「稼働能力」とはどういうことですか？

稼働能力の判断基準が問題となった判例について紹介します。

30代の原告が、仕事を探しても見つからず、保護実施機関に保護申請をし、5回にわたって申請を却下された事件です（岸和田訴訟、大阪地裁・平成25年10月31日判決）。判決は「現在の生活状況や就労、求職状態の聴取を怠り、かつ、保護の可否について慎重な判断が要求されるにもかかわらず、原告の年齢及び健康状態に基づいて安易に原告は稼働能力活用の要件を充足していないと即断し、それ以上原告夫婦への対応を行わなかった」として、申請の却下決定を取消し、岸和田市に対して約70万円の支払を命じています。

また，東京高裁（新宿七夕訴訟、平成24年7月18日）判決は、「稼働能力の意思」について、「当該生活困窮者が申請時において真にその稼働能力を活用する意思を有している限り、生活保護の開始に必要な稼働能力の活用要件を充足」していると判旨し、新宿区の行った申請の却下決定を取り消しています。

Q8 世帯分離をすれば生活保護を受給できるのか？

住民票は世帯単位で成り立っています。その住民票の中から特定の人を独立させて、新しく住民票を作ることを「世帯分離」と言います。生活保護は世帯を単位として、世帯の最低生活費から世帯全員の収入を差し引いて生活保護費が支給されます。したがって、世帯を分離した方が、生活保護を受給しやすくなる場合があります。ただし、生活保護上の世帯は、住民票上の世帯分離をしただけでは足りず、世帯分離をしても生計を一にしている場合は認められません。

世帯分離が可能なケースとしては、①住む場所が別々で生活費も出所が別々な場合、②

介護保険が利用できるようになり介護施設（特別養護老人ホームなど）に入居する場合です。これとは別に、両親を介護するこめに両親と同居する場合、同居でも別世帯として認められています。

Q9　親族への照会の連絡はどこまで行くのですか？

　扶養義務者への扶養照会は、親子や兄弟姉妹等、一般的に扶養可能性が高い人に対して行われているようです。その際、明らかに扶養が期待できない人や、ＤＶから逃げてきたなどの場合の相手方に対しては照会はなされません。なお、法改正により、福祉事務所は扶養義務者に対して通知および報告調査を行えるようになり、対象は明らかに扶養が可能と思われるにもかかわらず扶養を履行しないと認められる人です。

　なお、扶養義務の範囲は民法か規定する場合と同じですが、扶養は生活保護の要件ではなく、あくまで保護に優先するという規定で、扶養がないからといって保護が認められないものではありません。

Q10　生活保護の申請後の訪問調査は必ず受けなければならないか？

　生活保護の申請をすると、資産などの調査が行われます。こうした調査の１つに訪問調査があります。申請時の訪問調査は申請書を受理した日から１週間以内に訪問し、実地調査をすることとされています。調査事項は保護の決定に必要な調査（①資産及び収入の状況、健康状態その他の事項）に限られおり、犯罪捜査のような調査はできません。ただし、訪問調査を拒否すれば、保護の申請が却下される可能性があります。

　なお、生活保護が決定した後は、訪問計画に基づく家庭訪問が原則として年２回行われます。調査の目的は、生活実態の確認、　生活状況の確認、　自立に向けた指導、自動車や高価な貴金属がないかの確認などです。

Q11　就労指導に従わないと支給は停止されるのか？

　生活保護の増加にともなう対策として、就労支援などが強化されています。ここで問題となるのが、指導に従わなかった場合、生活保護の廃止や停止の処分ができるかということです。生活保護法27条は、保護の実施機関が被保護者に対して行う指導指示は、被保護者は従う義務があり、義務違反がある場合には保護の変更、停止または廃止ができるとしています。ただし、これはあくまで適正な指導指示の場合です。

　また、指導指示違反を理由に生活保護の停止・廃止を行うには、文書による指導指示、弁明の機会の付与、書面による処分の通知など厳格な手続が要求されています。処分決定に不服な場合は、異議申立（処分をした行政庁）、審査請求（都道府県知事）、あるいは訴訟の提起ができます。

Q12　生活保護受給者のギャンブルは許されるか？

　生活保護法は生活保護の被受給者に対して、ギャンブル等にお金を使うことを禁止しているわけではありません。生活保護のお金をやりくりして、パチンコ、たばこ、お酒などを楽しむことは自由です。

　問題になるのは、それが度を越した場合です。生活保護法60条は生活上の義務として、「被保護者は、常に、能力に応じて勤労に励み、支出の節約を図り、その他生産の維持、向上に努めなければならない」と規定しているからです。一日中パチンコ屋に入り浸っている、昼間から酒を飲んで酔っぱらっている、などの場合には指導が入ります。なお、自己および家族の将来のための預金は、最低生活費の６か月分までなら可能のようです。

◎資料②

◆生活保護についての相談先

※生活保護の申請をどうすればよいか、どんな場合に受給できるか、いくら受給で
きるかなど、分からないことがあれば相談所を利用するのが理解する早道です。

▷**福祉事務所**…福祉事務所は市町村に設置されており、生活保護申請の窓口でもあ
ります。申請の際にはケースワーカー（福祉事務所職員）による相談が行なわれ
ますので、申請理由等をある程度整理していく必要があります。申請後の調査等
もケースワーカーにより行なわれ、受給決定後の指導等も福祉事務所が行います。
相談先としては、最もいいはずですが、申請書をくれなかったり、厭味を言われ
て申請できなった場合などは他の機関に相談するとよいでしょう。

▷**法テラス**…正式には日本司法支援センターと言い、法テラスはこのセンターの愛
称です。法テラスは法務省の所轄で、最高裁判所等が運営に関与する法人として
発足し全国に51個所あり、紛争の解決のための情報提供がなされており、適切
な相談先を紹介してくれます。　　　　　　コールセンター（TEL）0570－078374

▷**法律の専門家**（弁護士）…生活保護をめぐって争いとなった場合は、法律の専門
家である弁護士に相談するとよいでしょう。各地の弁護士会には法律相談センタ
ーがあり、各種の法律紛争の相談に応じています。相談は有料で30分5500円です。
また、どう申請すればよいかなど分からないなどの手続上の問題については、行
政書士等に相談するとよいでしょう。

▷**民間の福祉関連の団体等**…NPO法人や有識者の団体、ボランティア団体などが
ありますが、中には営利目的のものもあるようです。どういう団体でどういう活
動をしているかはインターネットなどで調べるしかありませんが、相談者のこと
を本気が考えているかどうかを基準に信頼できる相談先を探すとよいでしょう。

▷**生活困窮者の自立支援のための相談窓口**…生活困窮者自立支援法には、支援の一
つの事業としての生活困窮者の自立相談支援を掲げています。生活に困っている
ときに相談所を利用するとよいでしょう。ただし、生活保護を受給するための相
談機関ではありません。相談は住んでいる市区町村や自立相談事業を実施してい
る機関（自立相談支援センター・社会福祉法人・社会福祉協議会・NPO法人）
の相談窓口です。市区町村等に問い合わせてください。

▷**民生委員**…民生委員については107ページ囲み記事の該当個所を参照してくださ
い。

◎資料3

生活保護法

※昭和25年5月4日制定。最終改正：平成30年法律第71号

第1章　総則

（この法律の目的）

第1条　この法律は、日本国憲法第25条に規定する理念に基き、国が生活に困窮するすべての国民に対し、その困窮の程度に応じ、必要な保護を行い、その最低限度の生活を保障するとともに、その自立を助長することを目的とする。

（無差別平等）

第2条　すべて国民は、この法律の定める要件を満たす限り、この法律による保護（以下「保護」という。）を、無差別平等に受けることができる。

（最低生活）

第3条　この法律により保障される最低限度の生活は、健康で文化的な生活水準を維持することができるものでなければならない。

（保護の補足性）

第4条　保護は、生活に困窮する者が、その利用し得る資産、能力その他あらゆるものを、その最低限度の生活の維持のために活用することを要件として行われる。

2　民法（明治29年法律第89号）に定める扶養義務者の扶養及び他の法律に定める扶助は、すべてこの法律による保護に優先して行われるものとする。

3　前二項の規定は、急迫した事由がある場合に、必要な保護を行うことを妨げるものではない。

（この法律の解釈及び運用）

第5条　前4条に規定するところは、この法律の基本原理であつて、この法律の解釈及び運用は、すべてこの原理に基いてされなければならない。

（用語の定義）

第6条　この法律において「被保護者」とは、現に保護を受けている者をいう。

2　この法律において「要保護者」とは、現に保護を受けているといないとにかかわらず、保護を必要とする状態にある者をいう。

3　この法律において「保護金品」とは、保護として給与し、又は貸与される金銭及び物品をいう。

4　この法律において「金銭給付」とは、金銭の給与又は貸与によつて、保護を行うことをいう。

5　この法律において「現物給付」とは、物品の給与又は貸与、医療の給付、役務の提供その他金銭給付以外の方法で保護を行うことをいう。

第2章　保護の原則

（申請保護の原則）

第7条　保護は、要保護者、その扶養義務者又はその他の同居の親族の申請に基いて開始するものとする。但し、要保護者が急迫した状況にあるときは、保護の申請がなくても、必要な保護を行うことができる。

（基準及び程度の原則）

第8条　保護は、厚生労働大臣の定める基準により測定した要保護者の需要を基とし、そのうち、その者の金銭又は物品で満たすことのできない不足分を補う程度において行うものとする。

2　前項の基準は、要保護者の年齢別、性別、世帯構成別、所在地域別その他保護の種類に応じて必要な事情を考慮した最低限度の生活の需要を満たすに十分なものであつて、且つ、これをこえないものでなければならない。

（必要即応の原則）

第9条　保護は、要保護者の年齢別、性別、健康状態等その個人又は世帯の実際の必要の相違を考慮して、有効且つ適切に行うものとする。

（世帯単位の原則）

第10条　保護は、世帯を単位としてその要否及び程度を定めるものとする。但し、これによりがたいときは、個人を単位として定めることができる。

第3章　保護の種類及び範囲

（種類）

第11条　保護の種類は、次のとおりとする。

一　生活扶助　　　二　教育扶助

三　住宅扶助　　四　医療扶助
五　介護扶助　　六　出産扶助
七　生業扶助　　八　葬祭扶助

2　前項各号の扶助は、要保護者の必要に応じ、単給又は併給として行われる。

（生活扶助）

第12条　生活扶助は、困窮のため最低限度の生活を維持することのできない者に対して、左に掲げる事項の範囲内において行われる。

一　衣食その他日常生活の需要を満たすために必要なもの

二　移送

（教育扶助）

第13条　教育扶助は、困窮のため最低限度の生活を維持することのできない者に対して、左に掲げる事項の範囲内において行われる。

一　義務教育に伴つて必要な教科書その他の学用品

二　義務教育に伴つて必要な通学用品

三　学校給食その他義務教育に伴つて必要なもの

（住宅扶助）

第14条　住宅扶助は、困窮のため最低限度の生活を維持することのできない者に対して、左に掲げる事項の範囲内において行われる。

一　住居

二　補修その他住宅の維持のために必要なもの

（医療扶助）

第15条　医療扶助は、困窮のため最低限度の生活を維持することのできない者に対して、左に掲げる事項の範囲内において行われる。

一　診察

二　薬剤又は治療材料

三　医学的処置、手術及びその他の治療並びに施術

四　居宅における療養上の管理及びその療養に伴う世話その他の看護

五　病院又は診療所への入院及びその療養に伴う世話その他の看護

六　移送

（介護扶助）

第15条の2　介護扶助は、困窮のため最低限度の生活を維持することのできない要介護者（介護保険法（平成9年法律第123号）第7条第3項に規定する要介護者をいう。第3項に

おいて同じ。）に対して、第一号から第四号まで及び第九号に掲げる事項の範囲内において行われ、困窮のため最低限度の生活を維持することのできない要支援者（同条第四項に規定する要支援者をいう。以下この項及び第八項において同じ。）に対して、第五号から第九号までに掲げる事項の範囲内において行われ、困窮のため最低限度の生活を維持することのできない居宅要支援被保険者等（同法第115条の45第1項第一号に規定する居宅要支援被保険者等をいう。）に相当する者（要支援者を除く。）に対して、第八号及び第九号に掲げる事項の範囲内において行われる。

一　居宅介護（居宅介護支援計画に基づき行うものに限る。）

二　福祉用具

三　住宅改修

四　施設介護

五　介護予防（介護予防支援計画に基づき行うものに限る。）

六　介護予防福祉用具

七　介護予防住宅改修

八　介護予防・日常生活支援（介護予防支援計画又は介護保険法第115条の45第1項第一号ニに規定する第一号介護予防支援事業による援助に相当する援助に基づき行うものに限る。）

九　移送

2　前項第一号に規定する居宅介護とは、介護保険法第8条第2項に規定する訪問介護、同条第3項に規定する訪問入浴介護、同条第4項に規定する訪問看護、同条第5項に規定する訪問リハビリテーション、同条第6項に規定する居宅療養管理指導、同条第7項に規定する通所介護、同条第8項に規定する通所リハビリテーション、同条第9項に規定する短期入所生活介護、同条第10項に規定する短期入所療養介護、同条第11項に規定する特定施設入居者生活介護、同条第12項に規定する福祉用具貸与、同条第15項に規定する定期巡回・随時対応型訪問介護看護、同条第16項に規定する夜間対応型訪問介護、同条第17項に規定する地域密着型通所介護、同条第18項に規定する認知症対応型通所介護、同条第19項に規定する小規模多機能型居宅介護、同条第20項に規定する認知症対応型共同生活介護、

同条第21項に規定する地域密着型特定施設入居者生活介護及び同条第23項に規定する複合型サービス並びにこれらに相当するサービスをいう。

3　第1項第一号に規定する居宅介護支援計画とは、居宅において生活を営む要介護者が居宅介護その他居宅において日常生活を営むために必要な保健医療サービス及び福祉サービス（以下この項において「居宅介護等」という。）の適切な利用等をすることができるようにするための当該要介護者が利用する居宅介護等の種類、内容等を定める計画をいう。

4　第1項第四号に規定する施設介護とは、介護保険法第8条第22項に規定する地域密着型介護老人福祉施設入所者生活介護、同条第27項に規定する介護福祉施設サービス及び同条第28項に規定する介護保健施設サービスをいう。

5　第1項第五号に規定する介護予防とは、介護保険法第8条の2第2項に規定する介護予防訪問入浴介護、同条第3項に規定する介護予防訪問看護、同条第4項に規定する介護予防訪問リハビリテーション、同条第5項に規定する介護予防居宅療養管理指導、同条第6項に規定する介護予防通所リハビリテーション、同条第7項に規定する介護予防短期入所生活介護、同条第8項に規定する介護予防短期入所療養介護、同条第9項に規定する介護予防特定施設入居者生活介護、同条第10項に規定する介護予防福祉用具貸与、同条第13項に規定する介護予防認知症対応型通所介護、同条第14項に規定する介護予防小規模多機能型居宅介護及び同条第15項に規定する介護予防認知症対応型共同生活介護並びにこれらに相当するサービスをいう。

6　第1項第五号及び第八号に規定する介護予防支援計画とは、居宅において生活を営む要支援者が介護予防その他身体上又は精神上の障害があるために入浴、排せつ、食事等の日常生活における基本的な動作の全部若しくは一部について常時介護を要し、又は日常生活を営むのに支障がある状態の軽減又は悪化の防止に資する保健医療サービス及び福祉サービス（以下この項において「介護予防等」という。）の適切な利用等をすることができるようにするための当該要支援者が利用する介

護予防等の種類、内容等を定める計画であつて、介護保険法第115条の46第1項に規定する地域包括支援センターの職員のうち同法第8条の2第16項の厚生労働省令で定める者が作成したものをいう。

7　第1項第八号に規定する介護予防・日常生活支援とは、介護保険法第115条の45第1項第一号イに規定する第一号訪問事業、同号ロに規定する第一号通所事業及び同号ハに規定する第一号生活支援事業による支援に相当する支援をいう。

（出産扶助）
第16条　出産扶助は、困窮のため最低限度の生活を維持することのできない者に対して、左に掲げる事項の範囲内において行われる。
一　分べんの介助
二　分べん前及び分べん後の処置
三　脱脂綿、ガーゼその他の衛生材料

（生業扶助）
第17条　生業扶助は、困窮のため最低限度の生活を維持することのできない者又はそのおそれのある者に対して、左に掲げる事項の範囲内において行われる。但し、これによつて、その者の収入を増加させ、又はその自立を助長することのできる見込のある場合に限る。
一　生業に必要な資金、器具又は資料
二　生業に必要な技能の修得
三　就労のために必要なもの

（葬祭扶助）
第18条　葬祭扶助は、困窮のため最低限度の生活を維持することのできない者に対して、左に掲げる事項の範囲内において行われる。
一　検案
二　死体の運搬
三　火葬又は埋葬
四　納骨その他葬祭のために必要なもの

2　左に掲げる場合において、その葬祭を行う者があるときは、その者に対して、前項各号の葬祭扶助を行うことができる。
一　被保護者が死亡した場合において、その者の葬祭を行う扶養義務者がないとき。
二　死者に対しその葬祭を行う扶養義務者がない場合において、その遺留した金品で、葬祭を行うに必要な費用を満たすことのできないとき。

（以下略）

◆本書は以下のスタッフで作られました

■監修者紹介

神田　将（かんだ　すすむ）

　1963年9月7日、東京に生れる。東京大学経済学部経済学科卒業。1998年、司法試験合格。2000年、弁護士登録（第一東京弁護士会所属）。

　損害保険法、企業法、消費者法、民事介入暴力等の法務に精通し活躍中。著書に、『図解による憲法のしくみ』『図解による民法のしくみ』『図解による会社法・商法のしくみ』『交通事故の法律知識（共著）』など多数がある。

■企画・執筆

法律知識普及会

　　齋藤信義（フリーライター）
　　斎藤志郎（行政書士・一般社団法人成年後見支援センターヒルフェ板橋地区サブリーダー）
　　真田親義（㈲生活と法律研究所所長）
　　高橋英俊（行政書士・NPO法人あんさんぶる代表理事）
　　横山豊久（フリーライター・イラストレーター）
　　取材協力：山上敬一
　　　　　　　今田直之（NPO法人posse）

やさしく案内
生活保護の受け方がわかる本

2013年8月30日　初版第1刷発行
2019年12月20日　第3版第1刷発行

監修者 —— 神田　将
編　集 —— ㈲生活と法律研究所
発行者 —— 伊藤　滋
発行所 —— ㈱自由国民社
〒171-0033　東京都豊島区高田3-10-11
　販売／TEL：03-6233-0781（代）　FAX：03-6233-0780
http://www.jiyu.co.jp/
振　替 —— 00100-6-189009
DTP制作 —— ㈲中央制作社
印刷所 —— 横山印刷株式会社
製本所 —— 新風製本株式会社